UTB 3277

Eine Arbeitsgemeinschaft der Verlage

Böhlau Verlag · Köln · Weimar · Wien
Verlag Barbara Budrich · Opladen · Farmington Hills
facultas.wuv · Wien
Wilhelm Fink · München
A. Francke Verlag · Tübingen und Basel
Haupt Verlag · Bern · Stuttgart · Wien
Julius Klinkhardt Verlagsbuchhandlung · Bad Heilbrunn
Lucius & Lucius Verlagsgesellschaft · Stuttgart
Mohr Siebeck · Tübingen
Orell Füssli Verlag · Zürich
Ernst Reinhardt Verlag · München · Basel
Ferdinand Schöningh · Paderborn · München · Wien · Zürich
Eugen Ulmer Verlag · Stuttgart
UVK Verlagsgesellschaft · Konstanz
Vandenhoeck & Ruprecht · Göttingen
vdf Hochschulverlag AG an der ETH Zürich

K. Wolfgang Kallus

Erstellung von Fragebogen

facultas.wuv

K. Wolfgang Kallus, Univ.-Prof. Dr. rer. nat., Dr. phil. habil., lehrt an der Universität Graz am Institut für Psychologie. Er ist Leiter des Arbeitsbereichs für Arbeits-, Organisations- und Umweltpsychologie. Die konzeptgeleitete Entwicklung anwendungsorientierter Fragebogen und Messmethoden gehört seit vielen Jahren zu seinen Spezialbereichen in der Forschung und im von ihm geleiteten Institut für Begleitforschung.

Bibliografische Information Der Deutschen Nationalbibliothek

Die Deutsche Nationalbibliothek verzeichnet diese Publikation in der Deutschen Nationalbibliografie; detaillierte bibliografische Daten sind im Internet über http://dnb.d-nb.de abrufbar.

Alle Angaben in diesem Fachbuch erfolgen trotz sorgfältiger Bearbeitung ohne Gewähr, eine Haftung des Autors oder des Verlages ist ausgeschlossen.

1. Auflage 2010
Copyright © 2010 Facultas Verlags- und Buchhandels AG
facultas.wuv Universitätsverlag, Berggasse 5, 1090 Wien, Österreich
Alle Rechte, insbesondere das Recht der Vervielfältigung und der Verbreitung sowie der Übersetzung, sind vorbehalten.
Umschlagfoto: „sellingpix" #20031421 / © Fotolia.com
Lektorat: Mag. Verena Hauser, Wien
Satz: Facultas Verlags- und Buchhandels AG
Einbandgestaltung: Atelier Reichert, Stuttgart
Druck und Bindung: CPI – Ebner & Spiegel, Ulm
Printed in Austria
ISBN 978-3-8252-3277-1

Vorwort

„Wer dumm fragt" lautete der Arbeitstitel für diesen Leitfaden. Ebenso hätte man den Arbeitstitel auch freundlicher und nahe am Alltag von Fragebogen formulieren können: „Wer fragt, ohne sich genau überlegt zu haben, was er wissen will". Dieser Leitfaden zur Fragebogenentwicklung stellt das Ziel der Fragen in den Vordergrund oder anders gesagt die Klärung des Messanspruchs vor der Formulierung der Frage. Im Unterschied zu einfachen, qualitativ orientierten Sammlungen von Fragen auf einem Papierbogen (Bogen mit Fragen) haben Fragebogen das Ziel, zuverlässig Merkmalsunterschiede zwischen Personen, Situationen oder Zuständen zu erfassen. Zu diesem Zweck müssen aufeinander abgestimmte Fragen entwickelt werden. Die Schritte hierzu werden in dieser Arbeit vorgestellt. Gut entwickelte Fragebogen sind leicht beantwortbar, eindeutig auswertbar und sprechen formal positiv an, d. h., sie sehen einfach aus. Dadurch entsteht immer wieder der Eindruck, dass die Entwicklung von Fragebogen keine Expertise voraussetzt und jede und jeder einen Fragebogen „mal schnell nebenher" entwickeln kann. Der Leitfaden versucht die grundlegende Expertise zu vermitteln und soll auch für NichtpsychologInnen verständlich sein. Eine grundlegende Expertise zur Messung von Verhaltens- und Erlebensmerkmalen wird jedoch vorausgesetzt – oder zumindest die Bereitschaft und die Grundausbildung, ein entsprechendes Lehrbuch bei der Fragebogenentwicklung zu Rate zu ziehen.

Bedanken möchte ich mich einerseits bei meinen akademischen Lehrerinnen und Lehrern, die nicht nur mein Interesse an den Methoden der Psychologie geweckt haben, sondern auch meine Motivation nachhaltig gefestigt haben, die Methoden der Psychologie immer möglichst optimal bei der Bearbeitung wissenschaftlicher und angewandter Fragestellungen einzusetzen. Dies hat auch dazu beigetragen, dass zwischenzeitlich die Entwicklung von Fragebogen neben anderen Methoden zu einem Standard in meinem Arbeitsbereich an der Karl-Franzens-Universität Graz werden konnte. Dank gebührt auch meinen Studierenden, die durch die „richtigen Fragen" und wiederholte Schwächen bei der Entwicklung von Fragebogen zum Entstehen dieses Büchleins beigetragen haben.

Auch dieser Leitfaden ist ähnlich wie ein Fragebogen in der Erstform noch optimierbar. Gute, sehr gute und exzellente Passagen hätten ihre Qualität in der ersten Auflage sicher nicht ohne die Expertise, konstruktive Kritik und die Vorschläge meiner Ehe-, Lebens- und Diskussionspartnerin Dipl.-Germ. Bärbel Kallus erreicht. Bei der Erstellung und Fertigstellung des Manuskripts haben zudem Mag. Kerstin Käfer und Mag. Kerstin Eibel mitgewirkt. Auch ihnen gebührt mein herzlicher Dank.

Ein Buch wird auch heutzutage noch in seiner Leserfreundlichkeit und Struktur durch die LektorInnen des Verlags wesentlich mitgeprägt. Frau Mag. Dr. S. Nindl und Frau Mag. V. Hauser sei an dieser Stelle ebenfalls herzlich gedankt.

Inhaltsverzeichnis

Vorwort 5

1 Grundprobleme der Fragebogenkonstruktion 11

    1.1 Einführung 11
    1.2 Fragebogen als psychometrischer Test zur Erfassung
        eines Merkmalsbereichs 15
    1.3 Merkmale und deren Definition aus der Perspektive der Befragten 17
    1.4 Grundbausteine von Fragebogen: Items als Frage-Antwort-Einheiten ... 18
    1.5 Messinformation von Fragebogen: Subtest und Bereichssubtest 20

2 Ansätze zur Präzisierung und Operationalisierung des zu erfassenden Merkmalsbereichs 23

    2.1 Adaptierung – Übersetzung – Neukomposition vorhandener
        Messinstrumente 24
        2.1.1 Adaptierung – Übersetzung 24
        2.1.2 Übernahme von Subtests und Items bei der Neukonzeption
             eines Fragebogens 25
    2.2 Konzeptgeleitete Zusammenstellung von Subtests und Items 25
    2.3 Interviews zur Präzisierung des Merkmalsbereichs 28
    2.4 Workshop-Methoden 30
    2.5 Empirisch basierte Konzeptdefinition 33
        2.5.1 Faktorenanalytische vs. theoriegeleitete Subtestbildung 33
        2.5.2 Faktorenanalysen auf Subtestebene 35
        2.5.3 Grenzen der faktorenanalytischen Konzeptdefinition 36

3 Entwicklung der Items 38

    3.1 Antwortformate und Antwortskalen 39
        3.1.1 Formale Struktur der Antwortskala 40
        3.1.2 Zustimmung und Zustimmungsurteile 42
        3.1.3 Abgestufte Zustimmung 44
        3.1.4 Intensitätsskalierung 45
        3.1.5 Merkmalsbezogene Skalierungen 46
        3.1.6 Polaritätenprofil – semantisches Differential 48
        3.1.7 Häufigkeitsskalen 49
        3.1.8 Wahrscheinlichkeitsskalierung 50
        3.1.9 Scoringsysteme 51

3.1.10 Verankerung von Urteilen 51
3.2 Antworttendenzen und systematische Messfehler 52
3.3 Formulierung des Frage-Aussage-Teils von Items 55
    3.3.1 Semantisch-inhaltliche Aspekte: Einfachheit 56
    3.3.2 Sprachliche Aspekte: Die Sprache der Antwortenden 59
    3.3.3 Psychologische Aspekte 63
    3.3.4 Unabhängigkeit der Messfehler 67
3.4 Skalierung 67
    3.4.1 Skalenniveau 68
    3.4.2 Zulässige Transformationen und sinnvolle Statistiken 70
    3.4.3 Skalenniveau von Fragebogenitems 73
    3.4.4 Alternativen zur Klassischen Testtheorie 74

4 Schritte der Fragebogenentwicklung 75

4.1 Zusammenstellung von Subtests 75
    4.1.1 Inhaltliche Prüfung der Subtests 77
    4.1.2 Formale Prüfung der Subtests 78
    4.1.3 Erstellung der Erstfassung 80
    4.1.4 Deckblatt, Instruktionen und Studieninformationen 82
4.2 Pretest und erste Itemselektion 85
    4.2.1 Testdurchlauf zur Beantwortung durch Zielpersonen 85
    4.2.2 Pretest 86
    4.2.3 Überprüfung von Subtests durch Itemanalyse 87
    4.2.4 Itemselektion 89
    4.2.5 Einbeziehung von Iteminterkorrelationen, Itemvaliditäten
         und -reliabilitäten 91

5 Endform(en) des Fragebogens und Auswertung 94

5.1 Kurzformen und Parallelformen 94
    5.1.1 Erstellung von Kurzformen 94
    5.1.2 Entwicklung von Parallelformen 95
5.2 Fragebogenvarianten 95
    5.2.1 State-Trait-Ansätze 96
    5.2.2 Situationsspezifische Fragebogen 96
    5.2.3 Selbst-/Fremdbeurteilung 99
    5.2.4 Fragebogenformen, -varianten und -systeme 100
    5.2.5 Das Konzept des modularen Fragebogens 102
5.3 Fragebogenhandbuch: Dokumentation der Fragebogenentwicklung
    und Auswertungsleitlinie 104

	5.3.1 Auswertungsbogen 104
	5.3.2 Datenaufbereitung 105
5.4	Subtestprofile und Normen 106
	5.4.1 Entwicklung einer Profildarstellung 106
	5.4.2 Vergleichswerte und Normen 107

6 Qualität der Endform des Fragebogens 112

6.1	Fragebogen nach der Klassischen Testtheorie 112
6.2	Zuverlässigkeitskennwerte 114
	6.2.1 Reliabilität und Änderungssensitivität 114
	6.2.2 Wiederholungszuverlässigkeit von Fragebogen/Subtests 114
6.3	Validität 116
	6.3.1 Systematische Verzerrungen 117
	6.3.2 Soziale Validität 117
	6.3.3 Augenscheinvalidität 118
	6.3.4 Konstruktvalidität 119
	6.3.5 Kriterienvaliditäten 120
	6.3.6 Nützlichkeit und Ökonomie 121
6.4	Alternativen und Ergänzungen zur Klassischen Testtheorie 122
	6.4.1 Probabilistische Testtheorie 123
	6.4.2 Lineare Strukturgleichungsmodelle 124
	6.4.3 Entscheidung zwischen unterschiedlichen testtheoretischen Ansätzen 126

7 Fragebogen in der Praxis 127

7.1	Fragebogen, Interview, Verhaltensbeobachtung 128
7.2	Prinzipien der Durchführung von Fragebogenerhebungen in der Arbeitswelt 129
	7.2.1 Studienvorbereitung 130
	7.2.2 Zusammenstellung von Fragebogen für Studien 131
	7.2.3 Studiendurchführung 133
7.3	Rückmeldung von Ergebnissen 133
7.4	Ethische und juristische Rahmenbedingungen 136

8 Checklisten 138

9 Literatur 141

10 Glossar 147

11 Stichwortverzeichnis 153

1 Grundprobleme der Fragebogenkonstruktion

Ein Fragebogen ist ein psychometrisch entwickeltes Messverfahren, welches den Kriterien eines psychometrischen Tests so nahe wie möglich kommen soll. Ein Fragebogen liefert quantitative Informationen zur Beschreibung von aktuellen, vorübergehenden oder überdauernden Merkmalen von Personen. Fragebogen können sehr wohl aber auch zur Beschreibung von anderen Personen oder auch von Merkmalen der natürlichen, sozialen, kulturellen, erbauten und technischen Umwelt und der Arbeitswelt herangezogen werden. Ein psychometrischer Fragebogen grenzt sich ab von einer psychophysischen Skala, die eine physische Erscheinung (z. B. Schall oder Licht) im Hinblick auf eine Skalierungsdimension (z. B. Lautheit, Helligkeit) nach den Regeln der linearen oder der multidimensionalen Skalierung abbildet. Ein Fragebogen grenzt sich zudem von einfachen schriftlichen Befragungen ab, in denen mit Einzelfragen qualitative Informationen (z. B. Geschlecht) oder bereits metrisch vorliegende Informationen (z. B. Alter, Kinderzahl, Jahresbruttoeinkommen) erhoben werden wie bei soziologischen Datenerhebungen. Diese werden zunehmend und unreflektiert mit Fragebogenfragen kombiniert.

1.1 Einführung

Die Grundlagen professioneller Fragebogenentwicklung werden trotz der inflationären Anwendung des Instruments „Fragebogen" nur in den seltensten Fällen systematisch berücksichtigt. Selbst wissenschaftlich entwickelte Fragebogen beschränken sich oft allein auf statistische Verfahren, um erst im Nachhinein die gröbsten Schwachpunkte zu identifizieren. Im Gegensatz dazu stellt das vorliegende Buch die folgenden Überlegungen in den Mittelpunkt: „Was soll (eigentlich) erfragt und gemessen werden?" und „Welche Fragen eignen sich dazu?". Aus der systematischen Beantwortung dieser Kernfragen und mit der Umsetzung in Fragebogenfragen lässt sich in der Regel ein Messinstrument konstruieren, das auch bei einer statistischen Prüfung positive Ergebnisse erbringt.

Eine systematische Entwicklung von Fragebogen als Methode der Selbstbeschreibung oder auch der Fremdbeschreibung wird zunehmend wichtiger, da Befragungen, Interviews und die Teilnahme an statistischen Erhebungen zwischenzeitlich zu den alltäglichen Gegebenheiten unserer modernen Gesellschaft gehören. Befragungen erfreuen sich hoher Popularität und haben eine hohe Bedeutsamkeit erlangt – für gesellschaftliche, politische und wirtschaftliche Entscheidungen, für die Ausrichtung von Strategien in Unternehmen und Organisationen bis hin zu Investitionsentscheidungen. Auch bei der Erfolgskontrolle von gesellschaftlichen, wirtschaftlichen, politischen, pädagogischen, psychologischen Projekten und bei gesundheitsbezogenen

Maßnahmen spielen Fragebogen eine zunehmend wichtige Rolle. Und zudem stellen Fragebogen eine wesentliche Informationsquelle im Rahmen der Personalauswahl und -entwicklung, in der Psychodiagnostik, bei psychologischen Interventionen und in der Forschung dar. Dies betrifft nicht nur die Psychologie, sondern auch eine Vielzahl von Nachbardisziplinen. Ein Hintergrund für diese Entwicklung ist die wachsende Bedeutung der BürgerInnen als KonsumentInnen und Wirtschaftsfaktoren, der MitarbeiterInnen als „Sozialkapital des Unternehmens", der SchülerInnen, Studierenden und PatientInnen als „KundInnen". Diese Entwicklung trägt dazu bei, dass die Meinung, die Zufriedenheit oder der „Zustand" von Personen für Entscheidungsträger immer gewichtiger wird und damit eine Erhebung zuverlässiger Informationen notwendig scheint. In der Mehrzahl fällt die Wahl auf eine „Befragung" mittels Fragebogen. Selbst die moderne Qualitätssicherung baut auf Befragungen, da die Qualität von Produkten durch das Nutzerurteil mit definiert wird.

Die herausragende Bedeutung von standardisierten Befragungen bis hin zur Qualitätssicherung von Dienstleistungen und Produkten bildet den Ausgangspunkt dieses Buches, das seinerseits der Frage nach der Qualität von Befragungsinstrumenten, insbesondere von Fragebogen nachgeht. Die Zielsetzung lässt sich zusammenfassend so formulieren: Einsatz von Fragebogen statt Bogen mit Fragen. Im Zentrum steht dabei die Fragestellung, wie vorzugehen ist, um die benötigte Information zu erhalten. Dieser Ansatz geht weit über die bisher vorliegenden Arbeiten hinaus, die sich den Themen „Wie formuliere ich Fragen?", „Welche Antwortformate stehen zur Verfügung?" und „Wie vermeide ich Verzerrungen in den Antworten durch soziale Erwünschtheit?" widmen.

Selbstverständlich ist es immer möglich, eine Befragung durchzuführen, die Aussagen enthält wie „Ich bin mit meiner Arbeit unzufrieden" , „Ich habe Angst", „Mein Unternehmen finde ich gut", „Ich bin ein guter Mitarbeiter/eine gute Mitarbeiterin" mit den Antwortskalen „trifft nicht zu" bis „trifft völlig zu" oder „ja/nein". Diese Aussagen und ihre Antworten erfassen jedoch nicht systematisch ein Konzept, sondern bieten lediglich grobe Anhaltspunkte für Entscheidungen. Weder die Frage nach der Zuverlässigkeit dieser qualitativ zu interpretierenden Informationen noch die Frage, ob tatsächlich das gewünschte Merkmal gemessen wird, lassen sich ohne weitere Zusatzinformationen beantworten: Unkontrollierte Urteilsfehler, Antworttendenzen, die Tendenz zur sozialen Erwünschtheit, Suggestiveffekte, Stimmungseffekte aufgrund des aktuellen Tagesgeschehens und vieles mehr mindern die Qualität der „Bogen mit Fragen". Diese „Bogen mit Fragen" beggnen uns in einem breiten Spektrum von Medien und in vielen Lebensbereichen. Die Palette umfasst die sog. „Psychotests" in den Printmedien und im Internet, Volksbefragungen, Kundenbefragungen, MitarbeiterInnenbefragungen, standardisierte Befragungen in der Markt- und Meinungsforschung. Selbst in Forschungsarbeiten aus Psychologie, Soziologie, Pädagogik, Politikwissenschaft, Betriebswirtschaft, den Umweltwissenschaften, den Kommunikations-

und Medienwissenschaften sowie modernen Teildisziplinen wie der Pflegewissenschaft und den Gesundheitswissenschaften kommen oft Bogen mit Fragen statt Fragebogen zum Einsatz. Anstelle der oberflächlichen Abfrage von augenscheinlich wichtigen Themen **bezieht sich der aussagekräftige Fragebogen auf ein klar definiertes Konzept.** Eine Befragung zur PatientInnenzufriedenheit kommt deshalb nicht umhin, sich auch mit der folgenden Frage zu befassen: „Was ist Zufriedenheit und was ist Unzufriedenheit?" Ein Blick in ein psychologisches Lehrbuch zeigt, dass Zufriedenheit die Bewertung eines oder mehrerer Ergebnisse oder Prozesse in Abhängigkeit von den Erwartungen darstellt. Die Erwartungen wiederum sind durch die Kosten für das Individuum mitbestimmt. Setzt man diese Überlegungen fort, schlüsselt sich die PatientInnenzufriedenheit in Zufriedenheit mit unterschiedlichen Facetten der Behandlung und des Genesungsprozesses auf. Gleichzeitig wird die zentrale Bedeutung von Erwartungen sichtbar.

Kriterien zur Bewertung der Instrumente und Hinweise zur professionellen Gestaltung von Fragebogen fehlen uns jedoch in den meisten Fällen oder decken nur unvollständig und theoriefern Teilaspekte ab (Porst, 2009). Die Lektüre dieses Leitfadens soll die LeserInnen in die Lage versetzen, die Unterscheidung zwischen einem „Bogen mit Fragen" und einem „Fragebogen" nachzuvollziehen und eine Bewertung der „Angebote" im Spektrum zwischen spielerischem Medienquiz, Instrument zur Sammlung qualitativer und semiquantitativer Information bis hin zum Testverfahren mit diagnostischem Potenzial vorzunehmen. Den EntwicklerInnen von Befragungsinstrumenten sollen die wichtigsten Regeln für die Konstruktion eines guten Fragebogens vermittelt werden. Außerdem erfahren sie Unterstützung bei der Entscheidung, ob für die Entwicklung oder die Gestaltung eines Instruments zur KundInnenzufriedenheit oder MitarbeiterInnenzufriedenheit ExpertInnen hinzuzuziehen sind, damit in reproduzierbarer Weise hinreichend gehaltvolle Informationen über ein definiertes Konzept erfasst werden. Für die Berufsgruppe der PsychologInnen soll dieser Leitfaden die Kenntnisse der statistischen Modelle zur Fragebogen- und Testkonstruktion inhaltlich und formal ergänzen und dazu beitragen, eine effiziente und professionelle Fertigkeit zur Fragebogenkonstruktion zu entwickeln. Die Mehrzahl der beschriebenen Vorgehensweisen lassen sich in analoger Weise auf die Konstruktion von Leistungstests und Beobachtungssysteme übertragen.

Ein Kernpunkt in diesem Buch betrifft die **Operationalisierung eines Merkmalsbereichs durch (selbst-)beobachtbare Indikatoren und die Umsetzung dieser Indikatoren in Gruppen leicht beantwortbarer Frage-Antwort-Einheiten.** Dieser Ansatz wird bislang im Hinblick auf die Fragebogenentwicklung gar nicht oder nur am Rande behandelt. Anhand von Beispielen wird erläutert, dass ein Fragebogen nicht aus beliebigen Fragen bestehen sollte, sondern aus Gruppen von Frage-Antwort-Einheiten (sog. Items), die einem Merkmalsbereich oder Konzept zuzuordnen sind. Dabei wird eine Reihe von Grundregeln zur Formulierung von Items vorgestellt. Diese Regeln modifizieren einige althergebrachte Prinzipien, die ursprünglich eingeführt wurden, um Antworttendenzen zu vermeiden. Im zweiten Teil werden die Zusammenstellung von Items zu einem Fragebogen und die Prüfung der Fragenbogengüte behandelt. In diesem zentralen Kapitel zur Fragebogenentwicklung steht die Beziehung zwischen inhaltlichen und statistischen Konzepten im Vordergrund. Dabei werden wiederholt die Grenzen der oft verabsolutierten statistischen Kenngrößen und Analyseprinzipien thematisiert und eine inhaltlich geleitete Vorgehensweise vorgestellt, die die statistischen Methoden als Werkzeug in ihren Dienst stellt. Im Anschluss daran werden Regeln zur Entwicklung und Prüfung der Endform des Fragebogens an Beispielen illustriert. In den letzten Abschnitten werden Fragebogen und Interview mit ihren jeweiligen Einsatzbereichen abgegrenzt sowie die Bedingungen zur Durchführung und Rückmeldung von Fragebogenerhebungen und MitarbeiterInnenbefragungen einschließlich ethischer und juristischer Aspekte diskutiert. Beispiele und Checklisten am Ende des Buches dienen der Erläuterung und Handhabbarkeit der Prinzipien und Methoden.

Die Mehrzahl der bisher vorliegenden Arbeiten zur Testkonstruktion stellt den mathematisch-statistischen Hintergrund verschiedener testtheoretischer Modelle in den Vordergrund (Böttcher, 2007; Bühner, 2004; Kranz, 2001; Krauth, 1995; Kubinger, 1989; Lienert & Raatz, 1998; Moosbrugger & Kelava, 2007; Rost, 2004). Arbeiten mit einem überwiegend inhaltlichen Bezug sind von Mummendey (1987) und Osterlind (1989) publiziert worden. Mummendey geht vor allem auf den Fragebogen als Forschungswerkzeug ein und beschränkt sich dabei auf Beispiele zur einstellungsorientierten Messung mit Zustimmungsskalen. Osterlind leistet in seinem englischsprachigen Werk für die Leistungs- und Kenntnismessung Ähnliches wie die vorliegende Arbeit für die Messung von Merkmalen mittels Fragebogen, die Osterlind im Vorwort explizit ausklammert. Wertvolle Tipps und Anhaltspunkte entstammen auch Arbeiten aus der empirischen Sozialforschung. In diesen Arbeiten liegt der Schwerpunkt jedoch bei Einzelfragen (Porst, 2009), nicht jedoch bei der Entwicklung von konzeptbezogenen Frage-Antwort-Gruppen, die ein psychometrisches Verfahren kennzeichnen.

Für die **Entwicklung eines Fragebogens sind folgende Schritte** abzuarbeiten:
1. Abgrenzung und Klärung des zu erfassenden Merkmalsbereichs und der Zielpopulation. Bei der Festlegung der Zielpopulation ist auch an mögliche Vergleichsgruppen, „Benchmarks" und Weiterentwicklungen zu denken. Daher gilt die Regel für die Festlegung der Zielpopulation: Eher breit definieren!
2. Spezifizierung des Merkmalsbereichs und Sammlung von Beispielen. Hier sollten möglichst umfassend Verhaltensweisen, Leistungen, Manifestationen in Gedanken, Gefühlen, Motivationen, Wünschen, Symptomen und Zuständen körperlicher und psychischer Art aufgelistet/gesammelt werden. Zur Unterstützung werden in dieser Phase häufig Interviews, Verhaltensbeobachtung, Arbeitsanalysen, Unfallanalysen und Dokumentenanalysen oder auch Workshops mit ExpertInnen eingesetzt.

3. Gruppierung der Manifestationen in Teilbereiche, die in ähnlicher Weise mit unterschiedlichen Merkmalsausprägungen variieren
4. Festlegung der charakteristischen Manifestationsvariation und Festlegung der Antwortskala
5. Formulierung der Items
6. Prüfung der Items auf sprachliche Konsistenz, Einfachheit und Verständlichkeit
7. Festlegung von Instruktionen, Ankern und Vorgabemodalitäten
8. Fixierung der Itemreihenfolge
9. Durchführung einer Studie zur Prüfung der Subtests/Items
10. Kürzung/Ergänzung des Fragebogens
11. Festlegung von Varianten des Fragebogens
12. Normierung und Auswertungsrichtlinien
13. Validierung und Interpretationsrichtlinien

Mit den 13 Schritten der Fragebogenentwicklung entsteht ein psychometrisch geprüfter Fragebogen mit definierter Qualität, der auch in Normensystemen (z. B. ISO 10075 oder DIN 33430) eingeordnet werden kann. Während ein „Bogen mit Fragen" z. T. wenig zuverlässige qualitative Informationen liefert, sind mit psychometrisch geprüften Fragebogen exakte Messungen von Veränderungen der Merkmalsausprägung oder von Unterschieden zwischen Personen, Gruppen, Teams oder Organisationseinheiten möglich.

1.2 Fragebogen als psychometrischer Test zur Erfassung eines Merkmalsbereichs

Mit der Unterscheidung zwischen Fragebogen als psychometrisch geprüftem Messinstrument für quantitative Aussagen zu einem definierten Merkmalsbereich und der Vorgabe von Fragen zur späteren qualitativen Analyse („Bogen mit Fragen") wird ein Fragebogen als Test im Sinne der klassischen Arbeit „Testaufbau und Testanalyse" von G. A. Lienert (1969) klassifiziert. Danach ist ein Test ein „wissenschaftliches Routineverfahren zur Untersuchung eines oder mehrerer empirisch abgrenzbarer Persönlichkeitsmerkmale mit dem Ziel einer möglichst quantitativen Aussage über den relativen Grad der individuellen Merkmalsausprägung" (Lienert, 1969, S. 7). Die Vorgabe von Fragen zur qualitativen Analyse wird im Kapitel 7.1 „Fragebogen, Interview, Verhaltensbeobachtung" aufgegriffen.

Ein Fragebogen versucht, den Kriterien für einen psychometrischen Test zu entsprechen und den zu erfassenden Merkmalsbereich möglichst objektiv, zuverlässig und valide abzubilden.

▌ **Objektivität** im Sinne von Intersubjektivität erlaubt, die Merkmale unabhängig von den UntersuchungsleiterInnen zu erfassen. Objektivität bezieht sich dabei auf die

Durchführung der Befragung, die Auswertung der Daten und die Interpretation der Ergebnisse.

- **Zuverlässigkeit** lässt sich erzielen, wenn die Fragen so gestellt werden, dass die antwortenden Personen in konsistenter Weise antworten können und die Ergebnisse sich bei unterschiedlichen Fragen zu einer Merkmalsfacette in vergleichbarer Weise zeigen. Konsistente Antworten schlagen sich in hohen Kennwerten für die Zuverlässigkeit (Reliabilität) des Fragbogens nieder. Zur Reliabilitätsprüfung werden Parallelmessungen und/oder Messwiederholungen vorgenommen. Parallelmessungen erfolgen zum Beispiel, wenn jede Merkmalsfacette durch mehrere Fragen abgebildet wird. Messwiederholungen finden abhängig von der Stabilität des zu messenden Merkmals nach kurzem oder längerem Zeitintervall statt. Die unterschiedlichen Optionen der Reliabilitätsschätzung werden im Kapitel 6.2 zur Überprüfung der Güte von Fragebogen diskutiert.
- Schließlich soll der Merkmalsbereich **valide** (modellkonform) abgebildet werden. Der Fragebogen soll diejenigen Merkmale und Zustände abbilden, die er zu messen vorgibt. Validität lässt sich insbesondere durch eine möglichst präzise Festlegung des zu messenden Merkmalsbereichs im Rahmen der Fragebogenentwicklung erreichen.

Die Definition des Merkmalsbereichs und seine Operationalisierung stellen einen zentralen Schritt in der Fragebogenentwicklung dar, dem in diesem Buch besondere Aufmerksamkeit geschenkt wird. Ziel der operationalen Definition ist eine Umschreibung der Äußerungsformen von Merkmalsunterschieden. Die Frage, wie sich inter- und intraindividuelle Unterschiede in der Merkmalsausprägung aus Sicht der Befragten darstellen und optimal operationalisieren lassen, stellt den zentralen ersten Schritt bei der Erstellung der Fragebogengrundeinheiten dar: die Formulierung der Items.

Die Operationalisierung des Merkmalsbereichs aus Sicht der Befragten bildet den ersten zentralen Schritt zur Sicherung der Validität (Gültigkeit) der Messungen. Selbstverständlich ist die Validität durch ergänzende empirische Daten – wie die Korrelationen zu relevanten Kriterien oder verwandten Konzepten – zu bestätigen. Hohe Validitätskoeffizienten können aber auch durch triviale Zusammenhänge oder durch Scheinkorrelationen, bedingt durch Drittvariablen, entstehen. Auch dieses Problemfeld wird in einem eigenen Abschnitt diskutiert (Kapitel 6.3). Dabei wird insbesondere das Problem der Augenscheinvalidität kritisch beleuchtet. Augenscheinvalidität ist sowohl ein Problem bei der Itemformulierung und -auswahl als auch ein Problem bei der Interpretation von Fragebogenergebnissen. Ein verbreiteter Interpretationsfehler betrifft die absolute Interpretation der erhaltenen Skalenwerte, z. B. für Arbeitszufriedenheit. Ohne Vergleichswerte verbietet sich die absolute Interpretation der Messwerte für ein psychometrisches Testverfahren, das maximal Intervallskalenniveau aufweist.

Die statistische Überprüfung der Testgüte kann mittels Klassischer Testtheorie (Lienert & Raatz, 1998; Lord & Novick, 1968), anhand der Generalisierbarkeitstheorie von Cronbach, Gleser, Nanda und Rajaratnam (1972), anhand moderner statistischer Analysen mit linearen Strukturgleichungsmodellen (Steyer & Eid, 2001) oder auch mit einer Analyse in einem probabilistischen Testmodell (Fischer, 1974) erfolgen. Auch wenn die psychometrische Testkonstruktion im klassischen Modell erfolgt und dementsprechend die Frage der Messung im engeren Sinn außen vor bleibt, kann durch die Auseinandersetzung mit der Frage nach den zu messenden Merkmalen oder Konzepten ein wesentlicher theoretischer und praktischer Gewinn resultieren. Das Verständnis für die inhaltlich notwendigen Schritte bei der Fragebogenkonstruktion hilft, psychometrisch aussagekräftige, zuverlässige Ergebnisse zu erzielen.

1.3 Merkmale und deren Definition aus der Perspektive der Befragten

Die Definition der zu erfassenden Merkmale und dafür repräsentativer persönlicher Reaktionen und Zustände, in denen sich Unterschiede im zu erfassenden Merkmalsbereich niederschlagen, stellt die Basis für eine effiziente und professionelle Entwicklung eines Fragebogens dar (Cronbach, Gleser, Nanda & Rayaratnam, 1972; Osterlind, 1989). Dieser erste wichtige Schritt wird jedoch nur von wenigen EntwicklerInnen mit der notwendigen Aufmerksamkeit und Konsequenz verfolgt.

Das Ergebnis der Operationalisierung aus der Perspektive der Befragten muss eine klare Abgrenzung und Kennzeichnung der zu messenden Konzepte und Merkmale sein. Die Operationalisierung erfolgt aus der Perspektive der Befragten. Dies meint nicht, dass die Operationalisierung auf der Ebene des Alltagsverständnisses der Befragten stehen bleibt. Psychologische Konzepte müssen aber aus der Sicht der Befragten (re-)formuliert werden. Dabei ist zu klären, in welchen Ereignissen, Verhaltensweisen, persönlichen Zuständen oder auch Kognitionen sich unterschiedliche Ausprägungen des Merkmals niederschlagen. Ausgehend von einer hinreichend klaren Vorstellung über das zu messende Merkmal und die hierfür relevanten psychologischen Konzepte lassen sich die möglichen Manifestationen als Basis für die Formulierung von Items ableiten. Die möglichst klare und valide Operationalisierung der Merkmale muss immer die Frage beantworten, wie sich unterschiedliche Merkmalsausprägungen aus Sicht der Befragten darstellen und wie sie sich aus Sicht der Befragten kennzeichnen lassen. Die Übernahme der Perspektive von Befragten, von KundInnen, MitarbeiterInnen, PatientInnen und StudienteilnehmerInnen ist zentral für die angemessene und zielorientierte Formulierung von Items.

Fragen sollten sich möglichst konkret auf Aspekte beziehen, die für die Befragten sichtbar, spürbar, erlebbar und erfahrbar sind. Wenn sich Fragen auf abstrakte, vorgestellte und generalisierte Gegenstände beziehen, lassen die Ergebnisse der Befragung nur selten konkrete Vorhersagen zu und die Antworten können durch Faktoren wie eine positive Selbstdarstellungstendenz, soziale Erwünschtheit oder Antworttendenzen stark verzerrt werden. Fragen wie „Sind Sie ein zuverlässiger Mensch?" oder „Sind Sie ein guter Autofahrer?" erbringen deutlich mehr Ja-Antworten als aufgrund der Anzahl zuverlässiger Menschen oder guter AutofahrerInnen in der Population zu erwarten sind.

Auf der anderen Seite treffen sehr spezifische Fragen nur auf einen Teil der Personen oder nur sehr selten zu. Fragen zu seltenen Ereignissen sind für die Mehrzahl der Befragten nicht relevant und differenzieren daher oft nicht. Beispiele sind: „Ich bin in den letzten Tagen mit Unverschämtheiten am Arbeitsplatz konfrontiert worden" oder „Ich habe im letzten halben Jahr ein große Geldsumme gewonnen".

Fragebogen sind sowohl zur Selbst- als auch zur Fremdbeschreibung oder auch zur Selbst- und Fremdbeurteilung einsetzbar. Fragebogen können sich auf unterschiedliche Merkmalsbereiche beziehen und sind nicht auf die Messung von psychischen Merkmalen wie Emotion oder Persönlichkeitsmerkmalen beschränkt. Beispielsweise kann eine Symptomliste auch physiologische Zustände abbilden (Mehrdimensionale körperliche Symptomliste; Erdmann & Janke, 1978), ein Beschreibungsinstrument wie das „Semantische Differential" Umweltaspekte aus Sicht der Nutzer widerspiegeln (Mehrabian & Russell, 1974) und ein Fragebogen wie das „Instrument zur Stressbezogenen Arbeitsanalyse" (ISTA; Semmer, Zapf & Dunckel, 1999) Arbeitssituationen aus Sicht der Arbeitstätigen oder auch aus Sicht von ExpertInnen charakterisieren.

Wichtig ist, dass ein Item für die Bezugspopulation **eindeutig beantwortbar** ist. Dies bedeutet nicht, dass Items für jede Bezugsgruppe anders zu formulieren sind, vielmehr sind zu spezifische Formulierungen zu vermeiden, um Vergleichbarkeit zu erhalten. Dieses scheinbare Dilemma wird in Kapitel 5.2.5 unter dem Stichwort „modulare Fragebogen" diskutiert und gelöst.

Als Leitfaden gilt, für den Merkmalsbereich spezifische Fragen zu finden, die in Häufigkeit und/oder Intensität für alle Befragten relevant sind. Dabei ist zu berücksichtigen, dass bei der Entwicklung von Items für einen Fragebogen nicht allein die Fragen, sondern auch die zugehörigen Antwortkategorien eine entscheidende Rolle spielen.

1.4 Grundbausteine von Fragebogen: Items als Frage-Antwort-Einheiten

Ein Fragebogen besteht aus systematisch zusammengestellten Frage-Antwort-Einheiten. Diese Frage/Feststellung-Antwort-Kombinationen werden mit dem Begriff Fragebogenitem oder kurz Item bezeichnet. Dabei werden mehrere Fragen mit einem identischen Antwortmodus vorgegeben, d. h., der Fragebogen besteht aus mehreren Items mit identischem Antwortformat. Im Abschnitt über die Formulierung von Items wird ausführlich diskutiert, dass das Antwortformat zur Frage/Feststellung passen sollte und unterschiedliche Antwortformate zur selben Frage unterschiedliche Aussagen ergeben können.

Items sind für die Beantwortenden eindeutig und klar zu formulieren. Subjektiv zu interpretierende Elemente, einseitige, suggestive oder für Personengruppen benachteiligende Formulierungen sind ebenso zu vermeiden wie Mehrdeutigkeiten. Im Idealfall entsprechen die Items dem Merkmal in repräsentativer Weise. Mit dem Perspektivenwechsel, dass es viele Antworten gibt und die dazu richtigen Fragen zu finden das eigentliche Problem darstellt, macht Michael Ende in der „Unendlichen Geschichte" (Roman, 1979) auf das Problem der Passung zwischen Fragen und Antworten aufmerksam. Bei der Fragebogenentwicklung wird der Schwerpunkt in der Regel auf die angemessenen Fragen gelegt, ohne dabei die Antwortoptionen angemessen zu betrachten. Die Antwortoptionen sind aber oft entscheidend für treffsichere Fragen.

Mögliche Unterschiede lassen sich an der Frage „Schätzen Sie Ihre ArbeitskollegInnen?" verdeutlichen (Box 1).

Box 1: Unterschiedliche Antwortmodi zur selben Aussage

A
Ich schätze meine ArbeitskollegInnen.

0	1	2	3	4	5	6
trifft überhaupt nicht zu	trifft nicht zu	trifft eher nicht zu	weder/noch	trifft eher zu	trifft zu	trifft voll und ganz zu

B
Ich schätze meine ArbeitskollegInnen.

0	1	2	3	4	5	6
gar nicht	sehr schwach	schwach	etwas	ziemlich	stark	sehr stark

C
Ich schätze meine ArbeitskollegInnen.

0	1	2	3	4	5	6
nie	selten	manchmal	mehrmals	oft	sehr oft	immerzu

Die unterschiedlichen Antwortmodi beleuchten unterschiedliche Facetten zur Bewertung des sozialen Klimas bei der Arbeit. Der erste Antwortmodus lässt eine Aussage zu, ob jemand seine ArbeitskollegInnen (im Allgemeinen) überhaupt schätzt. Die zweite Variante fragt nach dem Ausmaß, und die dritte Antwortoption prüft die Häufigkeit und Stabilität über die Zeit und/oder die Situationsabhängigkeit.

Bei den Antwortmöglichkeiten kann es sich im Falle von gebundenen Antwortformaten auch um qualitative Kategorien handeln (z. B. ja/nein), um geordnete Kategorien („gar nicht", „wenig", „etwas", „viel", „sehr viel"; vgl. Kallus & Krauth, 1995; Krauth, 1995), um eine metrische Skalierung oder auch um eine kontinuierliche Skala. Das Problem der Skala/Skalierung wird in Kapitel 3.4 ausführlich diskutiert.

Interessanterweise ist die Mehrzahl der Items in „Fragebogen" eher als Aussagen mit Selbst-/Fremdbeschreibung und mit entsprechenden Antwortoptionen, aber nicht als explizite Fragen formuliert.

1.5 Messinformation von Fragebogen: Subtest und Bereichssubtest

Ziel eines psychometrischen Fragebogens ist es, unterschiedliche Merkmalsausprägungen von Eigenschaften, Einstellungen und Meinungen, Verhaltenstendenzen, Zuständen oder längerfristigen Reaktions- oder Stimmungslagen bei Personen oder Personengruppen repräsentativ zu erfassen und zahlenmäßig wiederzugeben. Dabei kann es sich um Unterschiede im Zeitverlauf (Veränderungen) handeln oder um Unterschiede zwischen Personen oder Personengruppen.

Zu diesem Zweck werden bei einem Fragebogen die Werte für zusammengehörige Items zu einem Messwert, dem Subtestwert, verrechnet. Diese Zusammenfassung von Items zu einem sog. **Subtest** bildet die Grundlage, um die Güte der Fragen mit den Verfahren der Klassischen Testtheorie (Lord & Novick, 1968) zu analysieren. In der Regel umfasst ein Fragebogen mehrere Subtests, um einen Merkmalsbereich in seinen unterschiedlichen Facetten abzubilden. Jeder Subtest entspricht einer Facette des Merkmals. Das Konzept der Subtests stellt den Übergang vom „Bogen mit Fragen" zum psychometrischen Fragebogen dar.

Als Beispiel kann der Erholungs-Belastungs-Fragebogen (EBF; Kallus, 1995) herangezogen werden (Tabelle 1 und Abbildung 1). Dieser Fragebogen bildet den gegenwärtigen Beanspruchungs-/Erholungszustand einer Person ab. Beanspruchung wird theoriegeleitet in Anlehnung an die Klassifikationen von Stress nach Janke (1976) in insgesamt sieben Facetten (Subtests) abgebildet. Erholung umfasst insgesamt fünf Subtests. Alle zwölf Subtests werden in der Regel gemeinsam betrachtet und in einem grafischen Subtestprofil zusammengefasst. Ein Profil lässt sich darstellen, indem die Subtestwerte einer Person oder einer Gruppe in ein Profilschema eingetragen und diese Werte verbunden werden. Details zur Darstellung und Interpretation von Fragebogenprofilen werden in Kapitel 5.4 besprochen.

Tabelle 1: Subtests des Erholungs-Belastungs-Fragebogens (EBF)

Subtest (Itemzahl)	Bezeichnung (Abkürzung)
1 (k=6)	Allgemeine Beanspruchung – Niedergeschlagenheit (BEA-ALLG)
2 (k=6)	Emotionale Beanspruchung (BEA-EMO)
3 (k=6)	Soziale Spannungen (BEA-SOZ)
4 (k=6)	Ungelöste Konflikte – Erfolglosigkeit (KONFL)
5 (k=6)	Übermüdung – Zeitdruck (ÜMÜDG)
6 (k=6)	Energielosigkeit – Unkonzentriertheit (ENLOS)
7 (k=6)	Körperliche Beschwerden (BEA-SOM)
8 (k=6)	Erfolg – Leistungsfähigkeit (ERFOLG)
9 (k=6)	Erholung im sozialen Bereich (ERH-SOZ)
10 (k=6)	Körperliche Erholung (ERH-SOM)
11 (k=6)	Allgemeine Erholung – Wohlbefinden (ERH-ALLG)
12 (k=6)	Erholsamer Schlaf (SCHLAF)

Wenn aus Gründen der Vereinfachung auf die Detailinformation aus den Subtests verzichtet werden soll, ist es möglich, Facetten des Merkmals zusammenzufassen und übergeordnete Werte zu bilden. Die in einen Bereich gehörenden Subtests werden dann zu Bereichssubtests zusammengefasst. Auf diese Weise kann aus dem Erholungs-Belastungs-Fragebogen ein sinnvoller Gesamtwert für Beanspruchung gebildet werden. Entsprechendes gilt für den aus fünf Subtests aufgebauten Erholungsbereich. Für diese übergeordneten Werte soll im Folgenden der Begriff des **Bereichssubtests** verwendet werden. (*Anmerkung:* Bei älteren Fragebogenverfahren wurde der Begriff „Skala" auch alternativ zum Subtestbegriff benutzt. Der Begriff Skala wird in dieser Arbeit nur zur Bezeichnung der Antwortformate verwendet, z. B. „Intensitätsskala". Diese Festlegung ist mit der Begriffswelt der linearen Skalierung kompatibel, da bereits auf Itemebene eine erste zahlenmäßige Repräsentation von Merkmalsunterschieden stattfindet.)

Statistisch wird die Frage, ob Items zu einem Bereich gehören und ob es sinnvoll ist, Subtests zu einem Bereich zusammenzufassen, auf Basis von Korrelationen entschieden. Korrelationen bilden die linearen Zusammenhänge zwischen den Items (oder Subtests) ab. Eine Vielzahl von paarweisen Korrelationen (d. h. die Korrelationsmatrix) kann schnell sehr unübersichtlich werden. Als einfache Methode zur Strukturierung von Korrelationsmatrizen hat sich daher die Faktorenanalyse etabliert. Die Faktorenanalyse sucht nach voneinander relativ unabhängigen Gruppierungsvariablen, zu denen sich die zum Faktor gehörenden Variablen zusammenfassen lassen. So bilden beispielsweise Erholung und Beanspruchung in Faktorenanalysen bei unterschiedlichen Stichproben immer wieder zwei (relativ unabhängige) Faktoren.

Aus diesem Grund ist eine weitere Zusammenfassung zu einem Gesamtwert nicht sinnvoll, sondern der aktuelle Zustand der Person lässt sich nur über eine Kombination aus beiden Werten charakterisieren.

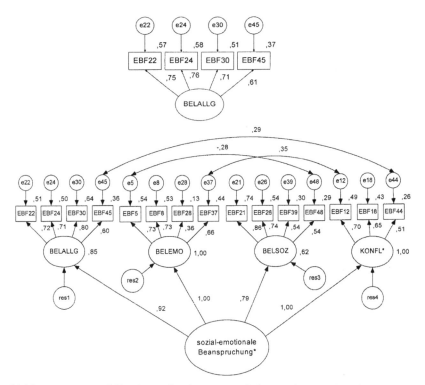

Abbildung 1: Messmodell und Bereichssubtests zum Erholungs-Belastungs-Fragebogen (Dirnberger, 2009, S. 112 und S. 115)

Wie am Beispiel des EBF aufgezeigt wurde, lassen sich hoch korrelierende Subtests in vielen Fällen zu Bereichssubtests für den Merkmalsbereich oder für latente Variablen eines psychologischen Konzepts zusammenfassen. In älteren Arbeiten wurde statt des Begriffs der latenten Variablen auch der Begriff der (latenten) Dimension verwendet, um ein psychologisches Konzept wie z. B. Stress theoretisch zu beschreiben. Wenn alle Subtests hoch korrelieren, ergibt sich bei der Faktorenanalyse ein „Generalfaktor" (der den Großteil der Varianz auf sich „vereint"). In diesem Fall ist ein einziger Gesamtwert sinnvoll. Ein solcher Gesamtwert ergibt sich z. B. für den Teamqualitätsfragebogen (Kallus & Brandt, 2006), da hier alle Subtests hoch korrelieren.

Die Güte von Subtests, von Bereichssubtests und von einem Gesamtwert lassen sich mit den Methoden der Klassischen Testtheorie überprüfen, wobei in der Analyse in der Regel die Items auch für die Gesamtwerte und die Bereichssubtests als Dateneinheiten verwendet werden. Eine Ausnahme wird im Zusammenhang mit dem Einsatz der Faktorenanalyse und linearen Strukturgleichungsmodellen in der Fragebogenkonstruktion in Kapitel 6.4 diskutiert.

2 Ansätze zur Präzisierung und Operationalisierung des zu erfassenden Merkmalsbereichs

Bei einem psychometrischen Test werden die Items in mehreren Schritten systematisch entwickelt und zusammengestellt. Ergebnis ist ein Fragebogen mit Subtests, der quantitative Aussagen in zuverlässiger Form erlaubt. Eine einfache, oft unsystematische Zusammenstellung von Fragen zu einem Thema („Bogen mit Fragen") gehört im Vergleich dazu eher in den Bereich der qualitativen Forschung. Bei der qualitativen Interpretation von Antworten zu einem Item ist hohe Vorsicht geboten. Hierbei werden messtheoretische Probleme in vielen Fällen sträflich missachtet. Fehlinterpretationen werden von den AutorInnen oft nicht erkannt und können bis zur politischen Ebene zu Fehleinschätzungen und Fehlentscheidungen führen. In Kapitel 3.4 wird das Skalierungsproblem ausführlich besprochen.

Auf Basis einer klaren Definition und Operationalisierung des zu messenden Konzepts oder Merkmals lassen sich die Frage-Antwort-Komplexe (Items) in angemessener Weise so formulieren, dass die angezielten zuverlässigen Subtestwerte als Resultat der Fragebogenentwicklung tatsächlich sinnvolle Messwerte erbringen. In vielen Fällen sind vorab entsprechende theoretische Vorarbeiten und empirisch orientierte Entwicklungsschritte vorzunehmen.

Im Folgenden wird ein Spektrum von Ansätzen zur Operationalisierung des Merkmalsbereichs zusammenfassend vorgestellt. Dabei werden die Methoden nach steigender Komplexität geordnet. In allen Fällen sind die zu erfassenden Merkmale mindestens mit einer „Arbeitsdefinition" hinreichend klar zu umreißen. Arbeitsdefinitionen sollten mit den wichtigsten Normen und etablierten wissenschaftlichen Festlegungen kompatibel sein oder mindestens dort eingeordnet werden können. In diesem Sinne ist es z. B. wenig sinnvoll, Belastung und Beanspruchung abweichend von der ISO 10075 zu definieren. Schwierig scheint die Definition und Einordnung vor allem bei inflationär verwendeten Begriffen wie Stress oder Burnout. Im Hinblick auf eine sinnvolle Testentwicklung sollte sich die Definition an etablierten theoretischen Konzepten orientieren. Unter Umständen kann an dieser Stelle die Neuentwicklung eines Verfahrens enden, da bereits hinreichend gute Messinstrumente von den verschiedenen wissenschaftlichen Arbeitsgruppen entwickelt wurden. Die vorhandenen Tests können nach Rücksprache mit den InhaberInnen des Urheberrechts für die eigene Entwicklung/Befragung ganz oder teilweise übernommen/übersetzt oder adaptiert werden.

In diesem Kapitel werden die folgenden möglichen Ansätze zur Testentwicklung behandelt:
1. Adaptierung – Übersetzung – Neukomposition vorhandener Messinstrumente
2. Konzeptgeleitete Zusammenstellung von Subtests und Items

3. Interviews zur Präzisierung des Merkmalsbereichs
4. Workshop-Methoden
5. Empirisch basierte Konzeptdefinition

2.1 Adaptierung – Übersetzung – Neukomposition vorhandener Messinstrumente

Im einfachsten Fall liegt bei einer Testentwicklung für den relevanten Teil der zu messenden Merkmale bereits ein Fragebogenverfahren vor, möglicherweise jedoch in einer nicht direkt einsetzbaren Sprache. Sollte ein Testverfahren in einer Fremdsprache vorliegen, lässt sich nach Rücksprache mit den AutorInnen in der Regel über eine Übersetzung und/oder Adaptierung auf dem schnellsten Weg ein „neuer" Fragebogen „entwickeln".

2.1.1 Adaptierung – Übersetzung

Bei der Übersetzung und Adaptierung von Items in eine andere Sprache gelten dieselben Leitlinien zur Formulierung von Items wie bei einer Neuentwicklung (vgl. Kapitel 3.3). Die Zusammenstellung von Subtests, die Itemreihenfolgen und die formale Vorgabe müssen sich eng am Originalfragebogen orientieren.

Um die Qualität einer Übersetzung zu prüfen, empfiehlt sich bei Fragebogen eine Rückübersetzung durch eine unabhängige Person, die den Originaltest nicht kennt (Tanzer & Sim, 1999). Diskrepanzen in einer **Übersetzung** können unter anderem auf Übersetzungsfehlern beruhen oder kulturelle Besonderheiten widerspiegeln. Bei Diskrepanzen sollte unter Einbeziehung von „Native Speakern" das Problem aufgedeckt werden und eine **sinngemäß** adäquate Übertragung des Items vorgenommen werden. An dieser Stelle ist es wichtig, das Item vollständig, d. h. Frage- und Antwortoptionen, in die Betrachtung einzubeziehen.

Bei der Übertragung eines Fragebogens in eine andere Sprache dürfen formale Kennzeichen nur dann verändert werden, wenn mit dem Sprachwechsel formale Änderungen zwingend sind, wie beim Wechsel von der lateinischen Schriftart auf Kyrillisch oder Griechisch. Die formalen Aspekte betreffen unter anderem Schrifttyp, Schriftgröße, Itemreihenfolge, Anzahl der Items pro Seite, Anordnung der Antwortskalen, Instruktionen, Beispiele etc.

2.1.2 Übernahme von Subtests und Items bei der Neukonzeption eines Fragebogens

In vielen Projekten ergibt sich durch die Fragestellung oder die Operationalisierung der zu messenden Merkmale eine teilweise inhaltliche Überlappung oder Überschneidung mit bereits vorliegenden Fragebogenverfahren. In diesem Fall ist die einfache Übersetzung oder der Einsatz eines vorliegenden Instruments nicht ausreichend, sondern die vorliegenden Verfahren müssen ergänzt oder neu konzipiert werden. Relativ unproblematisch ist meist die **Kombination** neuer Teilbereiche mit bestehenden Fragebogen oder Subtests anderer AutorInnen. Wichtig bei diesem Vorgehen wie auch bei den im Folgenden besprochenen Vorgehensweisen ist neben einer korrekten Angabe der Quellen eine Rücksprache mit den AutorInnen. Mögliche Verletzungen des Copyrights sind ebenso zu beachten wie wirtschaftliche Schäden durch Plagiate.

Bei der **Übernahme von Subtests** aus vorhandenen Verfahren sind Änderungen und Adaptierungen nur mit größter Behutsamkeit und immer nur in Absprache mit den AutorInnen der Originalversionen vorzunehmen. Änderungen in der Anzahl der Items für Subtests sind in der Regel nach Rücksprache mit den AutorInnen der Originaltests problemlos vorzunehmen. Zur Durchführung der Änderungen lassen sich Informationen aus den Manualen oder den Publikationen zu psychometrischen Kennwerten wie Schwierigkeit, Streuung und Trennschärfe heranziehen. Einschneidende Änderungen sind jedoch zu vermeiden, insbesondere wenn die Änderung den Antwortmodus im Hinblick auf die Anzahl der Stufen oder gar Skalierungsdimension betrifft. Diese Art der Änderung macht eine psychometrische Überprüfung und/oder vollständige Neuentwicklung notwendig.

Auch wenn Items aus bestehenden Verfahren an einen neuen Antwortmodus angepasst und reformuliert werden, sollten die Quellen stets angemessen zitiert werden. Bei der Fragebogenentwicklung ist eine Dokumentation über die „Herkunft" der Items ein theoretisch, praktisch und juristisch notwendiger und normativ wertvoller Schritt.

2.2 Konzeptgeleitete Zusammenstellung von Subtests und Items

Items sollten wo immer möglich theoriegeleitet anhand vorliegender Modelle, Konzepte oder Taxonomien erstellt werden. Dies ist im Bereich der Wissenschaft unerlässlich. Der Abgleich der Items und Subtests mit vorliegenden Modellen, Konzepten und Theorien kennzeichnet hochwertige Fragebogen auch bei den weiter unten beschriebenen Optionen zur Entwicklung des Itempools. Bei der theoriegeleiteten Formulierung von Items wird entweder ein Modell als Grundlage ausgewählt oder es werden mehrere verwandte Konzepte herangezogen. Zu den in der Theorie dargestellten Facetten werden Items gebildet, die möglichst repräsentativ die Facetten im Verhalten und Erleben von Personen abbilden können. Für jede Facette werden mindestens 6 bis 8 Items für einen potenziellen Subtest formuliert. Die Formulierung von Items orientiert sich immer konkret an der Perspektive der Antwortenden. Items können auch dann theoretischen Konzepten folgen, wenn sie konkret formuliert sind. Theoretisch formulierte Items sind typische „Anfängerfehler". Die Frage „Sind Sie bei Ihrer Arbeit primär erfolgsmotiviert?" (ja/nein) sollte besser lauten „Lob spornt mich besonders an" (ja/nein). In der eigenen Arbeit hat sich besonders bewährt, die Merkmalsbereiche möglichst konkret auf der Verhaltens- und Erlebensebene oder durch Beschreibung konkreter Situationen oder Zustände abzubilden.

Das theoriegeleitete Vorgehen bei der Zusammenstellung von Subtests/Items sei am **Beispiel** des Erholungs-Belastungs-Fragebogens (EBF; Kallus, 1995) kurz dargestellt. Der Beanspruchungsbereich wurde ausgehend von der Taxonomie für Stressoren bei Janke (1976) in die Bereiche „äußere Belastungen", „Belastungen durch Deprivation primärer Bedürfnisse wie Schlaf", „Leistungsüber/-unterforderungen", „soziale Belastungen" und „sonstige Belastungsfaktoren wie Konflikte und Ungewissheit" gegliedert. Für jede Facette wurden anschließend mindestens 8 Items formuliert. Zuvor war festgelegt, dass sich der aktuelle Beanspruchungszustand aus der Häufigkeit von Belastungen „in den letzten Tagen" ergeben sollte. Als Annahme galt zudem, dass sich besonders intensive Stressereignisse in vielen Teilbereichen niederschlagen und sich intensive Belastungen daher auch in Häufigkeitsangaben relativ gut abbilden lassen. Ergänzend wurde die Annahme einbezogen, dass Belastungen dann besonders bedeutsam für den Beanspruchungszustand einer Person sind, wenn nur unzureichende Möglichkeiten zur Regeneration der Ressourcen vorliegen. Initial stand der Versuch, die Erholungsbereiche komplementär zu den Belastungsbereichen in Items abzubilden.

Während sich für den Beanspruchungsbereich die theoretisch abgeleiteten Belastungsdimensionen weitestgehend abbilden ließen, konnten aufgrund hoher Iteminterkorrelationen nur einige korrespondierende Regenerationsbereiche abgebildet werden. Interessanterweise konnten, passend zu kognitiven Stressmodellen (z. B. Lazarus, 1966, 1991), überwiegend positiv bewertete Ereignisse und Zustände als „gute Items" für Erholung in die Endform des Erholungs-Belastungs-Fragebogens übernommen werden.

Weitere Beispiele für eine theoriegeleitete Entwicklung von Itempools finden sich im Instrument zur Erfassung der Konflikteskalation am Arbeitsplatz (IKEAr; Kolodej, Voutsinas, Jiménez & Kallus, 2005), im EBF-Sport (Kellmann & Kallus, 2000), im Test zur Erfassung des Mobbingrisikos am Arbeitsplatz (TEMA; Kolodej, Essler & Kallus, 2010), in der Profilanalyse zur Arbeitszufriedenheit (PAZ; Jiménez, 2008) und auch in einer Vielzahl von Verfahren anderer Arbeitsgruppen wie dem bereits erwähnten arbeitsanalytischen Fragebogen (ISTA; Semmer, Zapf & Dunckel, 1999) oder beim Verfahren zu Beanspruchungsmessung bei der Arbeit (BMS; Plath & Richter, 1984). Bögel und Rosenstiel (1997) empfehlen auch für MitarbeiterInnenbefragungen ein stärker theoriegeleitetes Vorgehen.

Eine theoretische Konzeption zur „Messung" der Facetten eines hypothetischen Konstrukts oder eines hinreichend klar operationalisierten Merkmals stellt die **Generalisierbarkeitstheorie** (Cronbach, Gleser, Nanda & Rajaratnam, 1972) dar. Danach sollten Items in einem Fragebogen möglichst in ähnlicher, „paralleler" Form Informationen zur Ausprägung einer Facette des Merkmals erfassen. Mehrere dieser Items lassen sich dann zusammenfassen und spiegeln Unterschiede zwischen Personen in der Facette wider. Die Generalisierbarkeitstheorie betont auch die Bedeutung von Situationen, in denen sich das relevante Merkmal widerspiegeln sollte. **Situationen** sollten bei der Itemzusammenstellung nicht unbeachtet bleiben. Wenn möglich, sollte die jeweils relevante Situation für die Formulierung der Frage berücksichtigt werden. Die Berücksichtigung von Situationen stößt an Grenzen, weil gerade Situationen oft spezifisch oder typisch für bestimmte Bevölkerungs- oder Berufsgruppen sind. Dadurch ergibt sich der unerwünschte Fall, dass der Einsatzbereich eines Fragebogens dann auf spezifische Gruppen einzugrenzen ist oder dass hypothetische Situationen einzubeziehen sind. Hypothetische Situationen erhöhen die Komplexität von Fragen und müssen sehr geschickt formuliert werden, damit alle Antwortenden eine angemessene Vorstellung entwickeln können. Aufgrund dieser Schwierigkeiten reduzieren hypothetische Situationen oft die Qualität des Fragebogens (vgl. Faulbaum, Prüfer & Rexroth, 2009; Porst, 2009). **Reaktionen** auf hypothetische Situationen lassen sich allerdings nicht ohne Weiteres mit realen Verhaltensweisen und solchen in realen Situationen „mischen".

Wichtig ist die Generalisierbarkeitstheorie für die Entwicklung von Fragebogen insoweit, als ein Item als Beispiel für eines von vielen möglichen Items betrachtet wird und als solches eine Stichprobe aus dem zu messenden Merkmal darstellt. Bei der Itementwicklung sollten nach der Generalisierbarkeitstheorie die TestentwicklerInnen für jeden Subtest ein Bild der möglichen Items vor Augen haben und aus den „möglichen" Items einige „günstige" auswählen. Dabei ist eine ähnliche Varianz für unterschiedliche Facetten (Subtests) anzustreben, wenn die Items (wie im Regelfall) zu einem ungewichteten Mittelwert (oder einer ungewichteten Summe) zusammengefasst werden sollen.

Wenn möglich, sollte zudem ein Pretest an einer größeren Stichprobe durchgeführt werden. Dieser Pretest erlaubt (n ≥ 50) eine erste Einschätzung der psychometrischen Eigenschaften und eine Identifikation von „Ausreißeritems". Ausreißeritems entstehen durch unerwartete Varianzeinschränkung, missverständliche (mehrdeutige) Formulierung der Iteminhalte, die nicht von der gesamten Stichprobe als Merkmal der zu messenden Facette verstanden werden. Beispiel: Die Selbstbeschreibung mit der Ausprägung von „gar nicht" bis „sehr stark" zu einer Eigenschaft „dösig" wird in Deutschland oberhalb der Main-Linie im Sinne eines Desaktivierungszustandes verstanden. Südlich der Mainlinie ist das Item z. T. „unverständlich".

Pilotstudien erlauben Schätzungen zur Reliabilität und damit die Schätzung einer sinnvollen Itemzahl für jeden Subtest bzw. jede Merkmalsfacette. Inhaltlich inhomogene Facetten sollten durch mehr Items abgebildet werden, um eine hinreichende „gemeinsame" Varianz zu erhalten.

Zentral für die Testentwicklung ist zudem, dass Items als **Frage-Antwort-Einheiten** auch in Bezug auf ihre sprachlich-grammatikalische Struktur, das Rating-Format und die Wortwahl **als Stichprobe aus einem Pool** möglicher ähnlicher Items gedacht werden sollten. Items mit ähnlichem Inhalt, aber geändertem Antwortformat oder geänderter grammatikalischer Struktur gehören nicht zwingend in dieselbe Gruppe.

Ein wichtiges Beispiel betrifft die mit Negationen formulierten Items. Sprachliche Negationen stellen keine „einfache" logische Umkehrung dar und sind daher nicht geeignet, Antworttendenzen wie die Tendenz zur Zustimmung abzufangen. Bei einfachen Aussagen wie „Ich mag Skifahren" („gar nicht" ... „sehr stark") und „Ich mag Skifahren nicht" („gar nicht" ... „sehr stark") wird die Problematik der Negation bereits deutlich. Der Satz „Ich mag Skifahren nicht" mit der Antwort „gar nicht" stellt keine angemessene Reformulierung zu „Ich mag Skifahren sehr" dar. Die Diskussionen über Arbeitszufriedenheit und -unzufriedenheit als zwei relativ unabhängige Dimensionen (Herzberg, 1966) zeigen auf, dass Zufriedenheit und die sprachliche Negation Unzufriedenheit psychologisch kein bipolares Konstrukt darstellen. Interessanterweise zeigen Analysen von Fragebogen in linearen Strukturmodellen immer wieder, dass positiv und negativ formulierte Items dazu tendieren, eigene Faktoren zu bilden. Ein empirisches Beispiel dazu liefert die aktuelle Diskussion zur Frage „Engagement als Gegenpol von Burnout" (Maslach & Leiter, 2008). Mit den methodischen Problemen bei der Messung von bipolaren Merkmalen haben sich z. B. Marsh (1996) und Dunbar, Ford, Hunt und Der (2000) auseinandergesetzt. Auch hier ergibt sich für die negativ formulierten Items ein eigener Faktor. Insbesondere Häufigkeitsskalen tendieren dazu, „scheinbare" Bipolaritäten aufzulösen. Beanspruchung und Erholung können innerhalb eines Tages „gemeinsam" variieren. Bestimmte Sportaktivitäten können sogar gleichzeitig (körperlich) hoch beanspruchend und psychisch-emotional extrem erholsam sein.

2.3 Interviews zur Präzisierung des Merkmalsbereichs

Als klassische Ansätze zur Präzisierung von Merkmalsbereichen haben sich neben der Operationalisierung, die auf theoretischen Modellen basiert, eine ExpertInnenbefragung mittels Interview oder die Strukturierung des Problemfeldes durch Interviewstudien etabliert.

Ein vorbildlich nach diesem Modell entwickeltes Fragebogenverfahren ist das FIMEST (Fragebogeninventar zur Messung der Angst vor Sterben und Tod) von Wittkowski (1996). Aufgrund des schwierigen und komplexen Gegenstandsbereichs war hier eine intensive Vorarbeit mit **Tiefeninterviews** sinnvoll (Wittkowski, 1994).

Wissenschaftliche Interviewstudien haben den ersten Schritt zur theoretischen Aufarbeitung des Merkmalsbereichs bereits vollzogen, wenn die Interviewthemenbereiche und der Interviewleitfaden festgelegt sind. Aus den Interviews lassen sich dann weitere Facetten und Ergänzungen oder Einschränkungen des Themenbereichs ableiten. Einen wesentlichen Vorteil der Interviewmethodik für die Fragebogenentwicklung stellt der aus den Interviews erarbeitete Pool der „prägnanten Aussagen" dar, der für die Formulierung von Items eine hilfreiche Ressource darstellt. Eine **inhaltsanalytische Auswertung** trägt zudem wesentlich zur Präzisierung des Merkmalsbereichs bei und bringt automatisch die Perspektive der Befragten in die Testentwicklung ein. Wittkowski hat sowohl die Interviewtechnik in der Arbeit „Das Interview in der Psychologie" (1994) sehr gut dokumentiert als auch die auf Basis von Interviewdaten erfolgte Fragebogenentwicklung beispielhaft im Manual zum „Fragebogeninventar zur Messung der Angst vor Sterben und Tod" (FIMEST; Wittkowski, 1996) dargestellt.

Insbesondere die Frage zum Einsatz von Interview und/oder Fragebogen ist in vielen Fällen nach den initialen Interviews deutlich leichter entscheidbar. Viele Problemfelder haben sehr weitgehend privat-persönliche Facetten, die in Interviews aufscheinen und nicht in Fragebogen gehören. Sie sollten dort ausgeklammert werden oder lediglich in ihren indirekten Äußerungsformen erfragt werden. Dies begründet sich in der anonymen Befragungssituation der Fragebogenbeantwortung.

Der oben skizzierte Erholungs-Belastungs-Fragebogen erfasst beispielsweise neben Beanspruchung auch den Erholungszustand. Erholung und Regeneration finden zu erheblichen Anteilen in nichtöffentlichen Bereichen des individuellen, zum Teil intimen Privatlebens statt. Diese Facetten von Erholung sind im Fragebogen nicht erfassbar. Stattdessen sind (ggf. in strukturierter Form) persönliche Interviews die bessere Methode zur Untersuchung der eher „privaten" Facetten von Erholung. Andere Methoden sind für den persönlichen Bereich berufsethisch kaum vertretbar (dies gilt auch für anonyme Interviewformen wie Telefon- oder Internetinterviews).

Im Bereich der angewandten Forschung erlauben Interviews zudem eine Anpassung und Konkretisierung von theoretischen Konzepten an das jeweilige Arbeitsfeld. Zu diesem Zweck bietet sich an, im Anwendungsfeld mit Betroffenen, AusbilderInnen und Vorgesetzten gezielt Interviews durchzuführen. Dabei sind unstrukturierte Vorgehensweisen zu vermeiden, und es empfiehlt sich der Einsatz eines **zweistufigen halbstrukturierten** Interviews.

In der ersten Stufe werden gezielt Fragen zu den zu erfassenden Konzepten gestellt, die den Charakter offener Fragen mit wenigen Entweder-oder-Antworten haben. Wichtig ist dabei, den Bereich gezielt einzugrenzen. Diese Eingrenzung ist wie beim arbeitsanalytischen (Rekonstruktions-)Interview mit dem Critical-Incident-Ansatz (vgl. Flanagan, 1954) in einfacher Weise umsetzbar.

Die **Critical-Incident-Technik** erfragt von ExpertInnen, wie ein Ablauf unter optimalen Bedingungen aussieht und worin sich ungünstige, problematische oder falsche

Abläufe davon abheben. Nach 4 bis 6 Interviews findet eine inhaltsanalytische Zwischenauswertung statt.

Eine einfache Methode zur Analyse der Interviewdaten stellen an die **Grounded Theory** (Strauss & Corbin, 1996) oder an verwandte Ansätze (Mayring, 2009) angelehnte „Auswertungen" dar, die jedoch in diesem Stadium noch ergänzt und präzisiert werden können.

Bei der Auswahl der **ExpertInnen** sollten die entscheidenden Zielgruppen mindestens durch eine qualifizierte/typische Person vertreten sein. Die Interviewfragen werden dann entsprechend der Perspektive (Leitung/Management/MitarbeiterInnen/ KundInnen/Administration/Qualitätsmanagement/Sicherheits- und Gesundheitsbeauftragte; LehrerInnen–Schulleitung/Administration–SchülerInnen–Eltern/ BeraterInnen) formuliert. Die unterschiedlichen Perspektiven sind zur Eingrenzung des Merkmalsbereichs auch dann sinnvoll, wenn der Fragebogen nur für ausgewählte Personen (z. B. SchülerInnen) entwickelt werden soll. In einem frühen Stadium sollten die unterschiedlichen Merkmalsfacetten möglichst umfassend abgebildet werden. Dabei sind nicht nur Übereinstimmungen von Bedeutung, sondern auch unterschiedliche und widersprüchliche Sichtweisen. Arbeiten zum 360°-Feedback werden gerade deshalb vorgenommen, um die unterschiedlichen Sichtweisen zu erfassen. Die Aussagen von Vorgesetzten und MitarbeiterInnen zeigen in der Regel unterschiedliche Sichtweisen und damit verbunden auch unterschiedliche Validitäten.

Im nächsten Schritt werden dann mehr Personen in die Interviews einbezogen, wobei hier der Leitfaden für die Interviews insgesamt stärker strukturiert ist und durch Hauptfragen mit optionalen Unterfragen sicherstellt, dass die relevanten Bereiche für die Auswertung im Interview auch angesprochen werden. Als Beispiel sei auf den Test zur Erfassung von Mobbingverhalten am Arbeitsplatz verwiesen (TEMA; Kolodej, Essler & Kallus, 2010).

2.4 Workshop-Methoden

In der Praxis steht oft nur eine kurze Zeit für die Entwicklungsarbeit eines Fragebogens zur Verfügung. Um in kurzer Zeit die relevanten Merkmalsfacetten kundenorientiert zu erfassen, ist der Einsatz von Gruppeninterviews oder Workshops die Methode der Wahl. Über die Workshop-Methodik lässt sich ein Prozedere einleiten, das von ExpertInnen erfolgreich zur zeitgerechten Entwicklung von kundenorientierten Fragebogen eingesetzt werden kann. Die Ergebnisse aus den Workshops und daraus abgeleitete Items und Subtests erlauben eine systematische Entwicklung von Fragebogen für die Anwendung in Industrie und Organisationen.

Der erste Schritt in einem solchen Vorgehen ist theorieorientiert und beantwortet die Frage, welche Kenntnisse zum zu messenden Merkmalsbereich bereits vorliegen.

Damit wird es auch möglich, im Fragebogen Informationen für Optimierungsansätze, Unternehmensführung, Interventionen und Entwicklungsprozesse aus der Arbeits- und Organisationspsychologie einzubeziehen. Diese Aspekte gehen bei direkten Fragen nach einem umgangssprachlich definierten Konzept oftmals verloren. Workshop-Arbeiten sind eng am Common Sense und an der Oberfläche von Merkmalen orientiert. Theoretische Aspekte aufzubereiten und einzubeziehen, obliegt den psychologisch geschulten Fachleuten als Vorbereitung für den Workshop (oder ggf. als Nachbereitung).

Innerhalb von MitarbeiterInnenbefragungen sind Ergebnisse aus Fragebogendaten oft nur sinnvoll umzusetzen, wenn die Konzepte auf unternehmensspezifische Aspekte bezogen werden und/oder allgemeine Fragenkomplexe durch unternehmensspezifische Facetten ergänzt werden. Besonders für die Formulierung von Items zu den unternehmensspezifischen Aspekten hat sich die Durchführung von moderierten Workshops bewährt. In diesen Workshops sammeln Führungskräfte gemeinsam mit betroffenen MitarbeiterInnen typische Verhaltensweisen oder Äußerungsformen für das Thema der Befragung. Diese werden über Moderationstechniken (Kärtchenabfragen, Mindmaps etc.) dokumentiert. Für die ModeratorInnen stellt die Eingrenzung der Merkmalsbereiche über die Critical-Incident-Technik von Flanagan (1954) auch hier die Methode der Wahl dar.

Die Workshop-Methode erfordert ein Vorgespräch mit den AuftraggeberInnen (Leitung, MitarbeiterInnenvertretung, Qualitätsmanagement o.a.) mit dem Ziel einer ersten Klärung des Problemfeldes sowie der relevanten Verhaltensbereiche (Führungskompetenz, Kooperation, Arbeitsunfälle, Unzufriedenheit, Fehlzeiten, Motivation, Mobbing, Verfügbarkeit bei Bereitschaftstagen, Kundenbeschwerden über Verspätungen, Materialschwund etc.). Für den Erfolg des Workshops ist die Anwesenheit von RepräsentantInnen aller (!) relevanten Zielgruppen, EntscheidungsträgerInnen und Organisationseinheiten entscheidend. Wünschenswert ist die Anwesenheit eines Mitglieds aus der Unternehmensleitung.

Im Workshop werden, gegliedert nach den Problemfeldern/Merkmalsbereichen, die relevanten Verhaltensweisen, Situationen und Manifestationen gesammelt und diskutiert. Gemäß der Critical-Incident-Technik werden immer wieder sowohl die Verhaltensweisen und Zustände bei ungünstigen oder kritischen Abläufen beleuchtet als auch im Kontrast dazu die Verhaltensweisen bei optimalen/wünschenswerten Abläufen.

Die Ergebnisse sind als Basis für die Formulierung von Items besonders ergiebig, wenn nicht nur „Extreme" angesprochen werden, sondern vor allem auch der „Alltag" und „kleine Anzeichen". Extreme Verhaltensweisen dienen zur Klärung des Feldes, sind für die unmittelbare Umsetzung in Items aber nur selten brauchbar. Zudem sollte die Äußerungsform (Häufigkeit/Wahrscheinlichkeit/Intensität/Valenz etc.) für jedes Problemfeld diskutiert werden und geklärt werden, worin sich eine Verbesserung eindeutig zeigen würde.

Aus dem Pool der gesammelten Verhaltensweisen und Manifestationen werden anschließend per ExpertInnenurteil diejenigen ausgewählt, die sich aus der Sicht der Betroffenen gut beantworten lassen und die für das Projektziel sinnvolle Informationen liefern. Hierbei ist es in vielen Fällen besonders wichtig, den Aspekt der Veränderungsmessung einzubeziehen. Zudem sollen mehrere Facetten einen Merkmalsbereich abbilden. Insbesondere bei themen-, unternehmens- oder projektspezifischen Fragebogenentwicklungen ist abschließend ein (erneuter) Abgleich der Merkmalsbereiche mit theoretischen Modellen sinnvoll und notwendig. Für die konzeptuelle Analyse ist entscheidend, eine angemessene Begrenzung im Detaillierungsniveau zu finden. Nur solche Aspekte, die der Selbst-/Fremdbeobachtung gut zugänglich sind, gehören in die Konzeptarbeit eines Fragebogens. Weitere Details sind relevant für komplexe Mehrebenenanalysen mit wissenschaftlichem Anspruch, die weit über die psychometrisch fundierte Befragung (z. B. bei Maßnahmenevaluationen) hinausgehen können.

Für die Zusammenstellung der Frage-Antwort-Einheiten zu einem Fragebogen liegen durch die Spezifizierung innerhalb des Workshops Informationen darüber vor, worin sich unterschiedliche Merkmalsausprägungen manifestieren. Dabei sind die unterschiedlichen Ebenen der erlebten psychischen oder körperlichen Reaktionen, des Verhaltens, der sozialen Interaktion, der Organisation ebenso wie Manifestationen in Prozessmerkmalen wesentliche Kategorien zur Systematisierung der Merkmalsfacetten.

Ergänzend zu den Workshops können Items auf Basis von Vorwissen der einbezogenen ExpertInnen, durch Arbeitsanalysen, Reanalysen empirischer Unternehmensdaten, Interviews mit externen ExpertInnen und Schlüsselpersonen formuliert werden. Im Anschluss an die Protokollierung des Workshops kann das Fragebogenentwicklungsteam die Konstruktion der Items und Subtests in Angriff nehmen. Vor der Itemformulierung ist zu klären, wie diese Verhaltensweisen, Befindlichkeiten, Prozesse und Manifestationen bei den Zielpersonen sprachlich repräsentiert sind. Repräsentative Merkmalsfacetten werden (immer aus Sicht der Befragten!) in Frage-Antwort-Komplexen formuliert und aufgelistet. Dabei sollte das Prinzip „So einfach und konkret wie möglich" insbesondere bei den ersten Operationalisierungsschritten streng befolgt werden. Nur wer konkret fragt, kann auch konkrete Antworten erwarten!

Bei der ersten Operationalisierung der Items ist die Entscheidung für den Antwortmodus immer explizit zu fällen. Häufigkeiten von Merkmalen, Verhaltensweisen oder Symptomen sind abzugrenzen von Intensitäten und Bewertungen. Von extremer Bedeutung für gute Frage-Antwort-Komplexe ist deren eindeutige Skalierung!

Weitere Details zur Formulierung von Items finden sich im Kapitel über Prinzipien zur Formulierung von Items (Kapitel 3.3). Nach der Itemformulierung werden die Items zu den unterschiedlichen Facetten in Subtests zusammengestellt (s. Kapitel 4.1).

2.5 Empirisch basierte Konzeptdefinition

Als Ergänzung oder alternativ zu den bislang dargestellten Herangehensweisen kann ein Merkmalsbereich auch schrittweise empirisch präzisiert und erschlossen werden. Zu diesem Zweck wird ein möglichst umfassender Itempool gebildet und die Struktur sowie die Gliederung werden schrittweise empirisch begründet. Klassische Ansätze dazu sind psycholexikalisch gebildete Itempools, wie sie von Cattell (1946) bei der Entwicklung des 16-PF oder auch von Janke und Debus (1978) bei der Entwicklung der Eigenschaftswörterliste (EWL) gewählt wurden. Der bekannteste „Klassiker" des psycholexikalischen Ansatzes ist das Semantische Differential (Osgood, 1964), das bis heute sehr beliebt ist und in unterschiedlichen Bereichen erfolgreich zu einer ersten Beschreibung von Konzepten und Realitäten eingesetzt wird (Franke & Bortz, 1972; Mehrabian & Russell, 1974). Wiederholt wurde der psycholexikalische Ansatz, d. h. die sprachliche Repräsentation von Merkmalen, als Basis für die Fragebogenentwicklung herangezogen. Die Eigenschaftswörterliste zur Messung von unterschiedlichen Facetten des aktuellen Befindens (Janke & Debus, 1978) ist ein Beispiel für die Anwendung der seit Allport und Odbert (1936) etablierten psycholexikalischen Methode zur Operationalisierung des Inhaltsbereichs eines Fragebogens. Eine empirisch basierte Entwicklung des Fragebogens ist auch dann notwendig, wenn die theoriegeleitete Entwicklung der Items zu einer sehr breiten Vielfalt von Items führt, die einer weitergehenden Strukturierung bedarf (z. B. bei unzureichenden theoretischen Leitlinien oder nicht übereinstimmenden ExpertInnenurteilen).

Im Kontext der empirisch basierten Entwicklung von Fragebogen wird zur vereinfachenden Beschreibung häufig die Faktorenanalyse eingesetzt. Dabei unterscheiden sich die Strategien zum Einsatz der Faktorenanalyse deutlich von Ansätzen der theoriegeleiteten Bildung von Subtests in Anlehnung an Merkmalsfacetten, wie sie in den bisherigen Abschnitten vorgeschlagen wurde, und Ansätzen mit empirisch orientierter „Suche" nach Subtests. Dieser Unterschied wird im nächsten Kapitel kurz diskutiert.

2.5.1 Faktorenanalytische vs. theoriegeleitete Subtestbildung

Die faktorenanalytische Subtestbildung erfreut sich großer Beliebtheit in allen Fällen, in denen globale Konzepte wie Intelligenz, emotionale Intelligenz, Persönlichkeit und Motivation durch repräsentative Beschreibungen möglichst ökonomisch und zuverlässig abgebildet werden sollen. Bei der faktorenanalytischen Subtestbildung werden anhand der Daten einer größeren Stichprobe (Faustregel: mindest n = Itemzahl * 3) die Items einer Hauptkomponentenanalyse (explorative Faktorenanalyse) mit anschließender orthogonaler Rotation (Varimax) unterzogen. Wenn jedoch inhaltlich und konzeptuell relevante wechselseitige Abhängigkeiten der Subtests vorliegen, kann statt der orthogonalen Rotation eine schiefwinkelige Rotation (z. B. Oblimin) gewählt werden. Im Falle, dass die Einzelfacetten des Merkmals im Sinne eines Profils besonders bedeutsam sind (Profil zur Arbeitszufriedenheit, Stressprofil, Profil der individuellen Stressbewältigungsstrategien), führt die nichtorthogonale Rotation oft zu inhaltlich besser interpretierbaren Ergebnissen.

Wenn ein Merkmalsbereich besonders ökonomisch erfasst werden soll (z. B. für die Entwicklung eines Screeningverfahrens zur Burnout-Prophylaxe), stellt die orthogonale Rotation die Methode der Wahl dar. Orthogonale Rotationen sind auch dann vorzuziehen, wenn der Merkmalsbereich noch nicht hinreichend strukturiert ist und die „Kerndimensionen" im Zentrum der Entwicklung stehen. Orthogonal sollte auch immer rotiert werden, wenn die späteren NutzerInnen keine Übung im Umgang mit Merkmalsprofilen haben. Als abschließender Hinweis sei erwähnt, dass das Kaiser'sche Eigenwertkriterium als Standard für die Faktorenextraktion bei Items fraglich ist, da die „wahre" Varianz von Items in der Regel weit unterhalb von 1 liegt.

Bei der (orthogonal rotierten) Faktorenanalyse von Items ergeben sich in der Regel eher wenige Basisfaktoren, die im Sinne eines Screeningverfahrens sehr gut eine erste Einordnung von Personen erlauben. Beispiele für faktorenanalytisch entwickelte Verfahren sind das NEO-FFI (Costa & McCrae, 1992), das Persönlichkeitsmerkmale in 5 Bereichen ökonomisch erfasst. Komplexe Konzepte wie „Stress" umfassen unterschiedliche Funktionssysteme, die im Hinblick auf die Indikatoren eher wenig homogen sind, obwohl die Stresssysteme vergleichsweise gut beschrieben sind und die wechselseitigen Abhängigkeiten durch experimentelle Analysen der Funktionssysteme bekannt sind. Würde man versuchen, sich diesem Phänomen faktorenanalytisch zu nähern, müsste man feststellen, dass die der Faktorenanalyse zugrunde liegende Funktion (lineare Korrelation) nicht geeignet ist, die vorhandenen zeitversetzten nichtlinearen Abhängigkeiten angemessen abzubilden.

Für die faktorenanalytische „Suche" nach Subtests stellt sich oft das Problem der unterschiedlichen Abstraktionsebenen/begrifflichen Ebenen von Items und der nur selten eingesetzten repräsentativen Itempools. Unterschiedliche Abstraktionsniveaus von Items lassen sich in linearen Korrelationen nicht angemessen abbilden. Faktorenanalysen „kranken" oft daran, dass die Faktorenanalyse nicht mehr „herausbringt" als an Information „hineingesteckt" wurde. Somit lässt sich ein Test nur dann faktorenanalytisch sinnvoll konstruieren, wenn die Items den Merkmalsbereich repräsentativ auf vergleichbarem Niveau mit einer vergleichbaren Skala (z. B. Häufigkeiten) so abbilden, dass alle relevanten Abhängigkeiten in der linearen Korrelation angemessen repräsentiert sind. Für interessierte LeserInnen sei hier auf die parallelen Probleme bei der Anwendung und Interpretation linearer Strukturgleichungsmodelle verwiesen (siehe auch Kapitel 6.4.2). Andererseits sei an dieser Stelle darauf hingewiesen, dass die Faktorenanalyse auch einsetzbar ist, um bei mäßigen Trennschärfen die (faktorielle) Struktur innerhalb von Subtests (insbesondere von Subtests mit mehr als 6 bis 8 Items) zu prüfen.

Ein Grundproblem der faktorenanalytischen Testkonstruktion stellt die Informationsbasis „Item" an sich dar. Einzelitems sind in der Regel nicht sehr zuverlässig – aus diesem Grund werden in Fragebogen Summenwerte gebildet, die eine höhere Reliabilität aufweisen. Faktorenanalysen mit wenig reliablen Einzelvariablen benötigen generell eine eigene Methodik (s. a. Cronbach, Gleser, Nanda & Rajaratnam, 1972). Diese Überlegungen werden jedoch oft nicht (mehr) berücksichtigt, da SPSS und andere Rechenprogramme entsprechende Optionen (z. B. Schätzung der Kommunalitäten durch das Quadrat der multiplen Korrelation) nicht (mehr) eröffnen. Damit scheint es sinnvoll, in vielen Fällen den Stellenwert der Faktorenanalyse zu relativieren. Eine Alternative ist der Einsatz der Faktorenanalyse in einem gestuften Vorgehen. Nach Bildung der Subtests kann mit einer Faktorenanalyse der Subtests oder mit linearen Strukturgleichungsmodellen die Merkmalsstruktur analysiert werden.

2.5.2 Faktorenanalysen auf Subtestebene

Bei den Analysen auf Subtestebene werden zunächst hinreichend homogene Subtests entwickelt, wobei neben den Trennschärfen auch Itemreliabilitäten aus Messwiederholungen oder Itemvaliditäten einbezogen werden können (s. Kapitel 4). Die Prüfung der Subtestqualität kann über die Homogenität erfolgen, die sich in hinreichend hohen Werten von Cronbachs α niederschlägt.

Alternativ kann die Testkonstruktion in den sog. Messmodellen eines linearen Strukturgleichungsmodells vorgenommen werden. Dabei schlagen sich Verletzungen der Annahme, dass jedes Item nur zwei Varianzanteile aufweisen sollte („wahre" Varianz plus der von den anderen Items völlig unabhängigen Fehlervarianz), direkt in schlechten Kennwerten für die Modellpassung nieder. Die Verletzung der Grundannahme der Klassischen Testtheorie (Unkorreliertheit von wahrem Wert und Messfehler) schlägt sich in korrelierten Messfehlern nieder. Korrelierte Messfehler ergeben sich, wenn zwei oder mehr Items spezifische Gemeinsamkeiten haben, die die übrigen Items des Subtests nicht aufweisen. Diese Gemeinsamkeiten können durch die Iteminhalte bedingt sein, aber auch durch Formulierungsähnlichkeiten, itemspezifische Antworttendenzen etc.

Die alte Regel, 50% der Items negativ zu formulieren, um einer Zustimmungstendenz vorzubeugen, ist im Licht der Ergebnisse aus Strukturgleichungsmodellen neu zu betrachten. Negativ formulierte Items erfassen das Konzept oft in anderer Form und haben jeweils eine durch die Negation bedingte, gemeinsame merkmalsunabhängige Varianz. Diese schlägt sich entweder in korrelierten Messfehlern oder in eigenen Unterfaktoren für positiv und negativ formulierte Items nieder. Möglicherweise liegt aber auch kein bipolares Konzept vor – wie wir es am Beispiel der (Arbeits-)Zufriedenheit bereits aus klassischen Modellen kennen. Umgepolte Items sind für Zustimmungsskalen (z. B. die Antwortskala „trifft zu"/„trifft nicht zu") zur Kontrolle von Zustimmungstendenzen notwendig. Eine Umformulierung/Negation von Items mit anderen Antwortskalen (z. B. Häufigkeitsskalen) ist inhaltlich in vielen Fällen kaum möglich, nicht notwendig und nur sinnvoll, wenn der „negative" Aspekt (möglicherweise in einem eigenen Subtest) explizit einbezogen werden soll. Zumindest innerhalb eines Subtests (und insbesondere außerhalb der Einstellungsmessung) ist die alte Regel der „50 : 50-Polung von Items" daher als überholt zu bewerten.

Wenn eine Faktorenanalyse der Subtests zwei oder mehr unabhängige Faktoren ergibt, die sinnvoll interpretierbar sind, ist die Bildung eines einzelnen Gesamtwerts in der Regel wenig sinnvoll. Als Beispiel sei auf die langjährige Diskussion zum „Generalfaktor" der Intelligenz und den IQ verwiesen.

2.5.3 Grenzen der faktorenanalytischen Konzeptdefinition

Die möglichst ökonomische Charakterisierung von Individuen zur Beschreibung interindividueller Unterschiede ist nur einer der Einsatzbereiche von Fragebogen. Bei der Zustands- und Prozessbeschreibung und der Ableitung von Interventionsansätzen, d. h. im Bereich der (formativen) Evaluation und des Monitorings, geht es nicht um eine möglichst sparsame Differenzierung von Personen. Vielmehr sollen Facetten von Veränderungsprozessen abgebildet werden, die frühestmöglich eine Korrektur unerwünschter Wirkungen, aber auch das Ausbleiben angezielter Effekte aufzeigen. Die Ableitung konkreter Beratungs- und Interventionshinweise erfordert ein differenziertes, verhaltensnahes Monitoring der Umsetzung von Veränderungen bei Personen, Teams und Organisationen. Ein Monitoring des Zustandes von Teams oder Personen sollte so verhaltensnah wie möglich stattfinden. Damit wird neben der Messung auf dem Niveau von Globalwerten (vergleichbar der Typenebene im Eysenck'schen Modell der Personenbeschreibung; s. Amelang & Bartussek, 2001, S. 56) eine Messung auf der Ebene konkreter Verhaltensmuster (z. B. beim Führungsverhalten) benötigt, die eher dem Konzept der Habits im Eysenck'schen Modell entsprechen. In diesen Fällen sind differenzierte, konzeptorientiert konstruierte Messverfahren faktorenanalytisch zusammengefassten Itemgruppen immer vorzuziehen. Gerade das Profil der korrelierten Facetten von Führung, von Stress, von Ressourcen oder von sozialen Beziehungen oder Konflikten spiegelt erst die Charakteristik von Veränderungen wider und gibt Ansatzpunkte für Interventionen. Für prozess- und interventionsorientierte Messungen steht die Globalinformation in ihrem Wert immer weit hinter der Profilinformation zurück. Im Unterschied dazu ist bei der summativen Evaluation von Programmen oder Maßnahmen die zusammengefasste Information von Bereichssubtests zur einfachen Kommunikation von Ergebnissen besonders hilfreich. Bereichssubtests, die mit der Profilinformation kompatibel sind, lassen sich mit einer Faktorenanalyse auf Subtestebene generieren.

Weitere Schwächen faktorenanalytisch konstruierter Verfahren ergeben sich aus der Methode selbst und aus der mangelnden Stabilität der faktorenanalytischen Ergebnisse über Populationen, Situationen und Merkmalsebenen. Hier sei auf das Problem der Kalibrierung von Items verwiesen (Kapitel 3.3). Ohne repräsentative Items auf vergleichbarem Abstraktionsniveau mit theoretisch gleich gewichteter Verteilung steht eine faktorenanalytische Testkonstruktion auf unzureichend stabilem Fundament.

3 Entwicklung der Items

Vor der Formulierung von Items gilt es, den Antwortmodus und die Anzahl der Antwortstufen zu fixieren. Bei der Analyse psychometrischer Fragebogen werden die Itemwerte durch Mittelwertbildung zusammengefasst. Eine Summen- oder Mittelwertbildung ist nur sinnvoll, wenn ein einheitliches Antwortformat für die Items gewählt wird. Für die Auswahl der Antwortskalen sollten die folgenden Leitfragen beantwortet werden, die sich auf die vorgenommene Operationalisierung der zu messenden Merkmalsfacetten beziehen:

- Lassen sich (repräsentative) Verhaltensweisen/Ereignisse/Zustände benennen?
- Worin zeigt sich Variation der Merkmalsfacetten (z. B. „Belohnung") besonders prägnant? (Häufigkeit, mit der belohnt wird? Ausmaß der Belohnung? Freundlichkeit, mit der belohnt wird? Etc.)
- Ist diese Variation auch für die Antwortenden gut sichtbar?
- Welcher Antwortmodus ist für (fast) alle Items anwendbar?

In der Mehrzahl der Anwendungen werden alle Items auf einer einheitlichen mehrstufigen Skala (z. B. nach der Häufigkeit in den letzten 14 Tagen) beantwortet. Die Antwortskala sollte innerhalb des konzeptbezogenen Fragebogens über alle Items hinweg identisch und eindeutig sein. Wenn immer möglich, sind Wechsel der Antwortskalen auch von Subtest zu Subtest innerhalb eines Fragebogens zu vermeiden. Allein der Wechsel kann Aufmerksamkeitsfehler oder unbeabsichtigte Ankereffekte verursachen und zu Antwortverzerrungen führen. Darüber hinaus bereiten unterschiedliche Antwortformate Probleme bei der Auswertung. Unterschiedliche Antwortformate erfordern mindestens das Beachten von entsprechenden Skalierungsregeln oder Scoringmodellen, bei denen Items mit nicht direkt vergleichbaren Antwortmodi durch Gewichtung, Normierung oder mit einer begründbaren Scoringprozedur „vergleichbar gemacht" werden. So können z. B. Multiple-Choice-Items durch eine gewichtete (ergänzende) „Trifft zu/trifft nicht zu"-Wertung jeder Antwortalternative in eine skalierte Form überführt werden. Multiple-Choice-Items sind bei psychometrisch entwickelten Fragebogen eher selten. Sie sind eher im Bereich der Leistungs- und Wissenstests (Osterlind, 1989) anzutreffen. Bei anderen Skalen ist eine direkte Zusammenfassung über unterschiedliche Antwortformate inhaltlich schwierig und scheitert oft an der Skalenqualität. Ausweg ist hier eine nachträgliche Zahlenzuordnung nach einem einheitlichen Bewertungsschlüssel („Scoring"), wie er im Rahmen der Bewertung von Verhaltensbeobachtungen in der Arbeitspsychologie (z. B. TAI; Frieling et al., 1993) oder in der Umweltpsychologie (z. B. in Barkers K21-Test; Schoggen, 1989) immer wieder verwendet wird.

3.1 Antwortformate und Antwortskalen

Das Item als Grundeinheit eines Fragebogens umfasst immer die Frage oder Aussage gemeinsam mit den Antwortmöglichkeiten. Bei einigen Fragebogen werden Items zusätzlich durch eine Formulierung im Kopf des Fragebogens spezifiziert. Bei der Itemformulierung sind aus Frage und Antwortoptionen sinnvolle Einheiten zu bilden. Diese Forderung klingt zunächst trivial, die Praxis zeigt jedoch, dass diese Regel in vielen Fällen verletzt ist. Dies sei an einigen Beispielen aus publizierten Fragebogen verdeutlicht (Box 2).

Box 2: Beispiele für Verletzungen der Frage-Antwort-Einheit

Fragen mit doppelter Merkmalsqualifizierung:

Iteminhalt	Antwortmodus
… war ich nach der Arbeit manchmal müde.	nie … immerzu

Fragen, die nicht zum Antwortmodus passen:

Iteminhalt	Antwortmodus
… ich bin Studierende/r.	nie … immerzu

Fragen, die eine Mehrfachskalierung beinhalten:

Iteminhalt	Antwortmodus
… war ich nach der Arbeit ziemlich ermüdet.	nie … immerzu

Beispiele für Fragen, die mit dem Antwortmodus eine zu hohe Komplexität aufweisen, ergeben sich insbesondere durch die gleichzeitige Vorgabe mehrerer Antwortskalen. Das verbreitete und insgesamt positiv zu bewertende Verfahren SALSA (Rimann & Udris, 1997) weist einen doppelten Antwortmodus auf.

Fragen mit doppeltem Antwortmodus:

Iteminhalt	Antwortmodus	
Man muss für diese Arbeit gründlich ausgebildet sein.	fast nie …	fast immer
	trifft überhaupt nicht zu …	trifft völlig zu

Die Festlegung der Antwortskala ist abhängig vom Merkmal und hat immer explizit zu erfolgen. So kann insbesondere die Antwort mit einer Intensitätsskala völlig divergent zur Antwort auf eine Häufigkeitsskala sein. Beispiel: „Haben Sie Schmerzen?" Antwortmodus: „gar nicht" bis „extrem stark" vs. „niemals" bis „extrem oft". Oder: „Lieben Sie Ihren Partner?" Das gleiche gilt für Häufigkeit und Bewertung: Nicht alles, was man sehr oft tut, macht man auch sehr gerne – und umgekehrt.

3.1.1 Formale Struktur der Antwortskala

Die Festlegung der Anzahl der Abstufungen und ggf. die verbale Verankerung der Antwortkategorien gehören zu den wichtigsten Entscheidungen nach der Operationalisierung des Merkmalsbereichs und der Festlegung der Merkmalsfacetten, in denen sich Unterschiede in den Merkmalsausprägungen manifestieren. Eine weitere wichtige Festlegung betrifft die Anzahl der Abstufungen auf der Antwortskala. Bei Subtests mit wenigen Items ergeben sich mit wenigen Abstufungen nur wenige Kategorien zur Differenzierung von Personen oder Zuständen. Eine zu große Anzahl von Abstufungen erfordert auf der anderen Seite eine hohe Differenzierungsfähigkeit bei den antwortenden Personen. Im Zweifelsfall sollte auch hier die Regel 7+/–2 herangezogen werden. Nur wenige etablierte Verfahren arbeiten mit mehr als 7 Stufen. Sieben Stufen haben sich im Rahmen einfacher verbal und numerisch verankerter Likert-Skalen bewährt. Falls eine Skala gestuft vorgegeben wird, ist über die Differenziertheit in der Vorgabe zu entscheiden: Jede Stufe kann verbal und numerisch verankert werden oder nur verbal oder nur numerisch, alternativ können nur die Pole verbal und numerisch oder nur verbal bzw. nur numerisch verankert werden. In allen Fällen sollte die „Passung" zwischen den unterschiedlichen Merkmalsausprägungen und den verbalen und numerischen Verankerungen möglichst einfach und widerspruchsfrei sein.

Die Angemessenheit der Verankerung betrifft auch rein formale Aspekte (vgl. Rammstedt & Krebs, 2007). Bei numerischer Kodierung erleichtert eine „passende" Zahlenzuordnung zu den Stufen die Beantwortung. Daher ist die (unter dem Gesichtspunkt der Skalierung korrekte) Überlegung, man sei hier „frei" in der Auswahl, nicht wirklich zutreffend (Porst, 2009). Auch wenn das Modell der Klassischen Testtheorie zur Skalierung keine Vorgaben macht und breite Spielräume lässt, sollte – wenn möglich – eine „logische" Zuordnung von Zahlen zu den Kategorien vorgenommen werden. Es gilt, möglichst einfach zu fragen und unnötige Interferenzen oder inkompatible Vorgaben zu vermeiden. Dies betrifft insbesondere auch die Verwendung der Zahlenzuordnung für Null. Eine „logische" Zuordnung sei an den folgenden Beispielen erläutert: Logisch passend wird „nein" mit „0" kodiert und „ja" mit „1". Die Null sollte auch für die Kategorien wie „nie", „niemals", „trifft nicht zu", „gar nicht" verwendet werden.

Das Prinzip der Einfachheit bedeutet vor allem, dass hohe Merkmalsausprägungen mit höheren Zahlen kodiert werden sollten. Liegt eine „schulnotenähnliche" Bewertung vor (wie bei den Bewertungen eines Service o. Ä.), ist ein Abweichen von dieser Regel möglich, wenn „1" mit „sehr gut" verbunden wird. In der Instruktion zum Fragebogen sollte dann der Hinweis stehen, dass die Frage ein „Benotungsurteil" verlangt. Werden Antwortskalen mit negativen Werten vorgegeben, sollten die Antwortalternativen auch einen Nullpunkt haben. Bei einer zusätzlichen verbalen Kodierung sollten auch negative Merkmalscharakteristika den negativen Werten entsprechen. Ein Beispiel wäre eine Bewertung von „sehr schlecht" (-2) über „weder schlecht noch gut" (0) bis „sehr gut" (2). Im Unterschied dazu liegt kein logischer Grund vor, eine Antwortskala von „nicht gut" bis „extrem gut" mit negativen Zahlen zu kodieren.

Mit der Art der Antwortskala wird eine Reihe von Antworttendenzen aktiviert oder vermieden. Antworttendenzen beeinflussen die Antworten unabhängig von der zu messenden Merkmalsausprägung systematisch. So zitiert Porst (2009, S. 94) eine Studie, in der zur Selbstbeschreibung zu den Polen „überhaupt nicht" und „außerordentlich" im ersten Fall Zahlen von 0 bis 10 mit einer grafischen Unterteilung bei 4 vorgegeben wurde und im anderen Fall die Antwortskala von –5 bis +5 verwendet wurde. Die bipolare Skala führte zu einer deutlichen Veränderung des Urteils in Richtung einer Meidung der negativen (für das vorgegebene Merkmal aber auch kontraintuitiven) Zahlen.

Weiters sollten auch grafisch ungleich große Kategorienabstände oder Kategorienfelder vermieden werden. Ungleich große Kategorien ergeben sich zum Beispiel leicht durch ungleich lange Wörter bei der verbalen Verankerung. Grafisch ungleiche Abstände interferieren mit der Anforderung an die Antwortenden, „gleichabständige" Urteile abzugeben. Mit einer guten Antwortskala können die Genauigkeit der Messung und auch die Validität erhöht werden.

Die Antwortskala lässt jedoch keine Aussage zum „Skalenniveau" der Messung zu. Aus den angekreuzten Antworten kann kein direkter Schluss auf die absolute Merkmalsausprägung gezogen werden. Daher verbietet sich eine direkte Interpretation der Werte der Antwortskalen. Die Missachtung dieser Tatsache begründet einen der häufigsten Interpretationsfehler von Fragebogenergebnissen. Dies ist zu betonen und wird in Kapitel 3.4 ausführlich besprochen.

Bei der Auswahl des Antwortformats muss festgelegt werden, ob alle Fragen in einer allgemeinen Form vorgegeben werden oder ob zeitliche oder situative Bezüge festgelegt werden. Die Festlegung der Bezüge kann in der Instruktion auf dem Deckblatt erfolgen. Beispiel: „Geben Sie bitte an, wie Sie sich ‚**augenblicklich**' fühlen" oder „... wie Sie sich ‚im Allgemeinen' fühlen." Situative Bezüge werden in der Instruktion vorgegeben und ggf. im Kopf der Fragebogenseite wiederholt. Beispiele sind: „Geben Sie bitte an, wie häufig die folgenden Gedanken Ihnen ‚**in der vorausgegangenen Situation**' durch den Kopf gegangen sind" oder „... wie wahrscheinlich die genannten Reaktionen bei Ihnen auftreten, wenn Sie aus dem inneren Gleichgewicht geraten."

Der situative Bezug kann im Kopf der Fragebogenseite durch eine nebensatzähnliche Formulierung aufgegriffen werden, die dann gemeinsam mit der Aussage/Frage des Items und dem Antwortformat eine sinnvolle Aussage ergibt (Box 3).

Box 3: Beispiel Itemkopf und Antwortformat

In den letzten 3 Tagen ...
... hatte ich Kopfschmerzen.

0	1	2	3	4	5	6
nie	selten	manchmal	mehrmals	oft	sehr oft	immerzu

Bei der Itemformulierung ist für jedes Item zu prüfen, ob das Item mit dem Antwortformat und ggf. mit dem vorgegebenen Bezug einfach und eindeutig beantwortbar ist. Viele Beispiele zeigen, dass diese Aufgabe oft erhebliche Schwierigkeiten bereitet. Im Folgenden werden einige Antwortskalen vorgestellt.

Die größte Verbreitung weisen Zustimmungsskalen auf. Mit präzise formulierten Items ist für viele Fragestellungen eine direktere Skalierung von Erlebens- und Verhaltensmerkmalen möglich.

Die **wichtigsten Dimensionen zur Abstufung** von Items sind:
- Häufigkeit/Wahrscheinlichkeit
- Valenz (Wertungen wie gut/schlecht)
- Intensität/Stärke/Ausmaß
- Direkte Urteile nach psychologischen Konzepten wie Wichtigkeit, Zufriedenheit, Sicherheit oder Zustimmung

Ergänzend werden in diesem Kapitel Optionen zur Zahlenzuordnung („Scoring") zu gestuften Verhaltensalternativen besprochen.

Bei der Festlegung des Antwortmodus ist eine eindeutige Entscheidung im Hinblick auf die zu erfassenden Merkmale und die relevanten Ausprägungen erforderlich. Doppelskalierungen sind konzeptionell schwierig und erschweren eine klare Interpretation der Ergebnisse. Die geläufigsten Skalen mit erprobten Stufen sind in den folgenden Abschnitten zusammengefasst.

3.1.2 Zustimmung und Zustimmungsurteile

Die einfachste Reaktion/Antwort auf eine Frage ist ein klares Ja oder Nein. Daher findet man im Rahmen der Einstellungsmessung, von Persönlichkeitstests, aber auch bei Zustandsmessungen mittels psychologischer oder somatischer Symptomlisten sehr häufig das Antwortformat der Zustimmung oder Ablehnung durch „ja/nein" bzw. das Zustimmungsurteil „trifft zu/trifft nicht zu". Diese einfache Antwortskala hat den Nachteil, dass eine relativ hohe Itemzahl notwendig ist, um eine zuverlässige und hinreichend differenzierte Unterscheidung von Personen bzw. Merkmalsunterschieden zu erzielen. Für die Ergebnisse wird (ähnlich wie bei Richtig/Falsch-Ergebnissen aus Leistungstests) die mittlere Anzahl der Ja-Antworten innerhalb eines Subtests als Score verwendet.

Graduelle Unterschiede können bei Ja/Nein-Antworten (und nur bei Ja/Nein-Antworten) über unterschiedliche Fragen direkt erfasst werden: z. B. „Ich habe Kopfdruck", „Ich habe leichtes Kopfweh" und in einem weiteren Item „Ich habe starkes Kopfweh". Hierbei ergeben sich neben der hohen Itemzahl auch Wiederholungen sehr ähnlicher Fragen, die bei der Beantwortung des Fragebogens zu (vermeidbarem) Monotonieerleben führen können.

Beispiele für Ja/Nein-Antworten finden sich in einer Reihe von Persönlichkeitsfragebogen wie z. B. dem Freiburger Persönlichkeitsinventar (FPI; Fahrenberg, Hampel & Selg, 2001), in der Langform der Eigenschaftswörterliste (EWL; Janke & Debus, 1978) zur Befindensmessung und beim BMS-Verfahren zur Erfassung arbeitsbezogener Formen der (Fehl-)Beanspruchung von Plath und Richter (1984).

Mit dichotomen Ja/Nein-Antworten muss die zu messende Variation der Merkmalsausprägung in die Fragen/Aussagen „verschoben" werden. Damit ergibt sich eine hohe Itemzahl. Bei sehr einfachen Items wie z. B. in einer Eigenschaftswörterliste ergeben sich bis auf die Testlänge keine Nachteile. Bei eher komplexen Items kann die Merkmalsdimension von Item zu Item variieren oder ein Item kann gleichzeitig mehrere Merkmalsdimensionen ansprechen. Damit sind Ja/Nein-Antworten mit dem Risiko behaftet, dass die Items nicht nur auf der intendierten Merkmalsdimension variieren. Items unterscheiden sich dann neben der angezielten Merkmalsausprägung in einer Vielzahl formaler und inhaltlicher Charakteristika. Diese werden bei der Prüfung der Items im Rahmen der Klassischen Testtheorie oft nicht oder nur indirekt in „schlechten" Itemkennwerten deutlich. Ein weiterer Nachteil von Ja/Nein-Antworten ist die Antworttendenz zur Zustimmung. Diese lässt sich nicht durch „Invertierung" (d. h. einfache Umkehr der Antwortrichtung der Frage) ausschalten, weil das sprachlich formulierte Gegenteil nur selten das logische Gegenteil exakt trifft.

Aufgrund der einfachen und detaillierten Datenstrukturen bieten Fragebogen mit Ja/Nein-Antworten aber andererseits die breiteste Option für anspruchsvolle Auswertungsmodelle. So stellt für Items mit Ja/Nein-Antwortmodus das probabilistische Testmodell nach Rasch (1960) eine konzeptuell überlegene Alternative zur Testentwicklung im Vergleich zur Klassischen Testtheorie dar (vgl. Rost, 2004). Das Modell erlaubt zu prüfen, ob die Items dem eindimensionalen Skalierungsmodell entsprechen. Ein Beispiel stellt der Fragebogen zur Konflikteskalation in der Arbeitswelt dar (IKEAr; Kolodej, Voutsinas, Jiménez & Kallus, 2005). Hier werden die Ja/Nein-Items im Modell der Probabilistischen Testtheorie nach Rasch (1960) geprüft (vgl. Rost, 2004).

3.1.3 Abgestufte Zustimmung

Antwortalternativen wie „ja/nein", „trifft zu/trifft nicht zu" werden häufig von Personen als extrem erlebt und nicht vollständig bearbeitet, weil weder „ja" noch „nein" der persönlichen Antwort hundertprozentig entsprechen. Für diesen Fall bietet sich an, den Grad der Zustimmung über eine Zustimmungsskala abzubilden. Box 4 zeigt eine siebenstufige, verbal verankerte Zustimmungsskala.

Box 4: Antwortformat für Zustimmungsskalen (Porst, 2009)

0	1	2	3	4	5	6
trifft überhaupt nicht zu	trifft nicht zu	trifft eher nicht zu	weder/ noch	trifft eher zu	trifft zu	trifft voll und ganz zu

Eine entsprechende Variante ist auch für Ja/Nein-Antworten verbreitet. Diese rangiert dann von „nein" über „eher nein" und „weder nein noch ja" und „eher ja" bis hin zu „ja". Einige AutorInnen variieren die Zustimmungsantwort durch die mit der Antwort verbundene subjektive Sicherheit. Dies ist aber ein Beispiel für eine komplexe Skalierung, die eigentlich in zwei Stufen erfolgen sollte (1. Zustimmung, 2. Sicherheit).

Zur abgestuften Zustimmungsskala sind immer wieder kritische Anmerkungen zu lesen, insbesondere wenn die Zustimmung auf einer Prozentskala ausgedrückt wird. (Beispiel: „Ich wähle zu 80% grün, zu 10% schwarz und zu 10% rot.") Vielfach wird zudem übersehen, dass Zustimmungsskalen vom Likert-Typ in erster Linie die „Zustimmung" zum Konzept, also eher eine Einstellung messen und damit nur indirekt mit Erleben und Verhalten gekoppelt sind. Den Zustimmungsskalierungen liegt immer ein komplexer mehrstufiger Informationsverarbeitungsprozess zugrunde. Eine hohe Zustimmung zu einem Konzept ist nicht zwingend mit einem Mehr an Merkmalsausprägungen oder dem entsprechenden Verhalten verbunden, wie die Stichworte „Spenden gegen den Hunger" oder „umweltgerechte Mobilität" verdeutlichen. Vielmehr ist die gestufte Zustimmung als mehrstufige Skalierung mit komplexen kognitiven Prozessen zu betrachten. Für die Merkmalsausprägung stellt die Zustimmung damit nur einen indirekten Indikator dar und geht mit reduzierter Validität einher. Andererseits haben sich in der Einstellungsmessung gestufte Zustimmungsskalen etabliert. In Bereichen, in denen klare Ja/Nein-Items nicht formulierbar sind, stellen sie eine gängige Alternative dar. Die Messung von Einstellungen zu einem Gegenstandsbereich, statt der direkten Messung der Merkmalsausprägung, ist immer bewusst vorzunehmen, denn Einstellungen beziehen sich zwar immer auf einen Merkmalsbereich – sie sind jedoch damit nicht identisch und nur indirekt verbunden.

Zustimmungsskalen passen zu praktisch allen Aussagen und bergen generell das Risiko, dass beliebig schlecht formulierte, ambivalente und mehrdimensionale Items beantwortbar sind. Möglicherweise erklärt dies auch die weite Verbreitung und Beliebtheit von Zustimmungsskalen bei der Entwicklung von Items. Kritisch zu hinterfragen ist die Zustimmungsskala insbesondere in Bereichen, in denen es eigentlich primär um das Verhalten geht (z. B. Kooperation und Kommunikation im Betrieb). Zustimmungsskalen lassen sich für inhaltlich problematische Items verwenden, ohne dass dies bei der teststatistischen Analyse zu ungünstigen Kennwerten führt. In der Praxis können Items wie „Ich vernachlässige Dinge, die zu meinen Pflichten gehören" (Staufenbiel & Hartz, 2000) die Freigabe der Evaluation durch die Leitungsebene oder auch durch die MitarbeiterInnenvertretung gefährden (z. B. bei der Evaluation in einer öffentlichen Verwaltung mit juristisch relevanter Aufgabenstellung).

Zusammenfassend lässt sich als Leitlinie festhalten, dass die Zustimmungsskala eher auf den Bereich der Einstellungsmessung und verwandte Bereiche wie die Erfassung von (Selbst- oder Leit-)Bildern und Zielsetzungen zu beschränken ist. In anderen Fällen deutet die Zustimmungsskalierung eher an, dass dem Entwicklerteam eine einheitliche verhaltens-/erlebensbezogene Antwortvorgabe nicht über alle Items möglich war.

3.1.4 Intensitätsskalierung

Bei der Festlegung des Antwortformats ist zu klären, in welcher Dimension sich Unterschiede im Merkmal am deutlichsten zeigen. Merkmale wie „Schmerzen" oder andere körperliche Symptome sind insbesondere im Hinblick auf ihre Intensität von Bedeutung. In diesen Bereichen hat sich eine 7-stufige, verbal verankerte Skala von „gar nicht" über „etwas" bis „sehr stark" bewährt. Die Intensitätsskala ist bei Zustandsvariablen eine der am häufigsten eingesetzten Skalierungen.

Auch in Bereichen zur Beschreibung (genereller) zeitstabiler Merkmale kann die Intensitätsskalierung eingesetzt werden, z. B. für die Aussage „Ich reagiere im Allgemeinen auf Rücksichtslosigkeit".

Der Vorteil von intensitätsskalierten Items liegt vor allem darin, dass eine klare Vorstellung über die Stärke der Merkmalsausprägungen entwickelt werden kann und in der Regel eine hohe Verhaltensnähe oder Erlebensnähe für das Item besteht.

Eine siebenstufige Intensitätsskala, die bei der Befindlichkeitsskalierung nach Kategorien und Eigenschaftswörtern (BSKE; Janke, Hüppe, Kallus & Schmidt-Atzert, 1989) und der Mehrdimensionalen körperlichen Symptomliste (Erdmann & Janke, 1978) angewendet ist, findet sich in Box 5.

Box 5: Antwortformat der Befindlichkeitsskalierung nach Kategorien und Eigenschaften (BSKE; Janke, Hüppe, Kallus & Schmidt-Atzert, 1989)

0	1	2	3	4	5	6
gar nicht	sehr schwach	schwach	etwas	ziemlich	stark	sehr stark

Eine differenzierte Erfassung aktueller psychischer Zustände liefert die 4-stufige Intensitätsskala der EWL-60 (Janke & Debus, 1996; Box 6).

Box 6: Modifizierte Intensitätsskala der EWL-60 (Janke & Debus, 1996)

0	1	2	3
gar nicht	etwas	ziemlich	stark

Die Intensitätsskala der Eigenschaftswörterliste enthält für jedes Item 4 Abstufungen (= Differenzierungsmöglichkeiten zwischen Personen). Diese Form der Abstufung erlaubte eine deutliche Reduktion der Itemzahl im Vergleich zu Ja/Nein-skalierten Items in der Langform der EWL (60 statt 171 Items).

Anmerkung zu Box 6: Für das Beispiel wurde die zahlenmäßige Verankerung im Vergleich zum Original von Janke und Debus (1996) geändert. Die Kategorie „gar nicht" wird in der Vorlage mit „1" statt mit „0" kodiert. Skalierungstheoretisch sind die zahlenmäßige Kodierung und der „Nullpunkt" für Intervallskalen beliebig. Aus der Perspektive der Verständlichkeit und Eindeutigkeit von Items sollte „gar nicht" oder „nie" dem allgemeinen Verständnis entsprechend mit „0" kodiert und vorgegeben werden.

Eine weit verbreitete Alternative der Intensitätsskala stellt die direkte Skalierung des Ausmaßes einer Merkmalsausprägung dar.

3.1.5 Merkmalsbezogene Skalierungen

Als weitere Skalen werden **Valenzskalen** verwendet und direkte Skalierungen von psychischen Merkmalen wie die Zufriedenheitsskala. (Eine Übersicht über weitere Antwortskalen findet man bei Rohrmann, 1978.) So kann Zufriedenheit durch das Adjektiv „zufrieden" direkt in die Skalierung einbezogen werden. Ein Beispiel stellt die Skala des Profils der Arbeitszufriedenheit (Jiménez, 2008) dar (Box 7 bis 9).

> **Box 7: Antwortmodus der PAZ**
>
> | sehr zufrieden | zufrieden | weder zufrieden noch unzufrieden | wenig zufrieden | unzufrieden |
>
> **Box 8: Modifizierter Antwortmodus**
>
> | 2 | 1 | 0 | -1 | -2 |
> | sehr zufrieden | zufrieden | weder zufrieden noch unzufrieden | wenig zufrieden | unzufrieden |
>
> **Box 9: Vereinfachter und modifizierter Antwortmodus**
>
> | -2 | -1 | 0 | 1 | 2 |
> | sehr unzufrieden | unzufrieden | weder zufrieden noch unzufrieden | zufrieden | sehr zufrieden |

Das PAZ benützt eine numerische Kodierung in Richtung des Schulnotensystems. Hierbei wird ein Mehr an Merkmalsausprägungen mit fallenden Zahlen kodiert. Probleme hierbei treten vor allem dann auf, wenn im Rahmen einer Befragung mit mehreren Fragebogenteilen die Skalierung „wechselt". Der Wechsel der Skalenrichtung kann zu Fehlern beim Ankreuzen führen und ist wenig „benutzerfreundlich".

Vorsicht ist geboten, wenn die Skalierung bipolar wie beim semantischen Differential vorgegeben wird. Gerade das Beispiel Arbeitszufriedenheit zeigt, dass zwischen hoher Zufriedenheit mit der Arbeit und hoher Unzufriedenheit möglicherweise die Antwortdimension nicht stabil ist, sondern nach den Annahmen von Herzberg (1966) im Falle der Zufriedenheit eher durch Arbeitsinhalte und im Falle der Unzufriedenheit eher durch Arbeitsbedingungen determiniert ist.

An dieser Stelle sei der Hinweis erlaubt, dass die „Nullposition" einer Skala für unterschiedliche Dimensionen oder auch für das Nichtzutreffen stehen kann. Die Nullposition im Koordinatensystem gehört zu allen Dimensionen gleichzeitig!

Das Beispiel zeigt auch, wie sich die Abbildung des Konzepts eng in den Antwortformaten widerspiegeln kann.

Direkte Skalierungen von Merkmalen werden in der Regel mit einer Intensitätsabstufung (Box 10) vorgegeben. Dabei werden zu den Intensitätsabstufungen die Attribute direkt dazugesetzt (z. B. „gar nicht wach" ... „sehr wach", „gar nicht wichtig" ... „sehr wichtig" etc.).

Valenzskalen stellen eine weitere wiederholt verwendete Antwortvorgabe dar. Diese können unipolar oder bipolar sein. Bei unipolaren Valenzskalen entspricht die Abstufung der intensitätsmäßigen Beantwortung des Merkmals „Güte" (Box 10). Bei bipolaren Valenzskalen reicht die Abstufung über 7 oder 5 Stufen, wie in Box 11 dargestellt.

Box 10: Unipolare Valenzskala

0	1	2	3	4	5	6
gar nicht gut	sehr wenig gut	wenig gut	etwas gut	ziemlich gut	gut	sehr gut

Box 11: Bipolare Valenzskala

−2	−1	0	1	2
sehr schlecht	schlecht	weder schlecht noch gut	gut	sehr gut

Anhand von Valenzbewertungen lassen sich fast alle Phänomene beschreiben. Zur Beschreibung von Phänomenen kann auch auf bestehende Fragebogen zurückgegriffen werden. Diese sind unter den Namen Polaritätenprofil oder Semantisches Differential zu finden.

3.1.6 Polaritätenprofil – Semantisches Differential

Polaritäten stellen eine Sonderform von Bewertungen dar. Das klassische Semantische Differential geht auf Osgood (1964) zurück, der über diese Methode Bedeutung von Sprache anhand der Interkorrelationen eines breiten Spektrums von Begriffen beschrieben hat. Im Polaritätenprofil werden Gegensatzpaare von Eigenschaftswörtern vorgegeben. Anhand dieser Eigenschaftswortpaare werden Personen, Zustände, Umweltbedingungen oder auch Sachverhalte beurteilt. In der Regel ergibt eine Analyse der Interkorrelationen mittels Faktorenanalyse eine Dreifaktorenlösung, die sich mit den Grunddimensionen von Osgood weitestgehend decken: Aktivität, Valenz und Dominanz. Ein Beispiel für ein Polaritätenprofil zur Beschreibung von ArbeiterInnenverhalten ist in Box 12 wiedergegeben. Ein alternatives Polaritätenprofil zur Beschreibung von Umweltgegebenheiten findet man bei Franke und Bortz (1972).

Box 12: NUSA (Wahl & Brucks, 1986)

Meine Arbeit ist:	2	1	0	1	2	
gehetzt	☐	☐	☐	☐	☐	ruhig
langsam	☐	☐	☐	☐	☐	schnell
viel	☐	☐	☐	☐	☐	wenig
leicht	☐	☐	☐	☐	☐	schwer
anregend	☐	☐	☐	☐	☐	ermüdend
verantwortungsvoll	☐	☐	☐	☐	☐	verantwortungsarm
interessant	☐	☐	☐	☐	☐	langweilig
sinnvoll	☐	☐	☐	☐	☐	sinnlos
nervlich belastend	☐	☐	☐	☐	☐	entspannt
bewegungsreich	☐	☐	☐	☐	☐	bewegungsarm
kommunikativ	☐	☐	☐	☐	☐	isoliert
eintönig	☐	☐	☐	☐	☐	abwechslungsreich
unabhängig	☐	☐	☐	☐	☐	abhängig
laut	☐	☐	☐	☐	☐	leise
sauber	☐	☐	☐	☐	☐	schmutzig
geschützt	☐	☐	☐	☐	☐	zugig
wetterabhängig	☐	☐	☐	☐	☐	wetterunabhängig
trocken	☐	☐	☐	☐	☐	feucht
schlecht bezahlt	☐	☐	☐	☐	☐	gut bezahlt

An Semantischen Differentialen lässt sich sehr schön verdeutlichen, dass ein Gegenpol und eine Negation sprachlich und inhaltlich nicht äquivalent sind. Die Pole „hübsch"/ „hässlich" lassen sich nicht durch „hübsch"/„nicht hübsch" ersetzen. „Nicht" gehört jeweils eher in die Mitte des Polaritätenprofils.

3.1.7 Häufigkeitsskalen

Neben der Intensitätsskala wird in vielen Fällen zur Charakterisierung von Unterschieden die Häufigkeit von Verhaltens- und Erlebenszuständen herangezogen.

Die Häufigkeit im Auftreten von Merkmalsfacetten als Antwortmodus einzusetzen, stellt eine sehr einfache Variante zur Formulierung verhaltens- und erlebensnaher Items dar. Dabei ist es sinnvoll, einen Bezugszeitraum anzugeben. Häufigkeitsangaben sind relativ einfach und die Fragen haben dadurch einen offenen Charakter. Aus diesem Grund weisen Fragebogen mit Häufigkeitsantworten eine vergleichsweise hohe Akzeptanz bei den Befragten auf („soziale Validität" im Sinne von Schuler, 1990).

Ein Nachteil dieser Items kann daraus resultieren, dass der angegebene Bezugszeitraum nicht von allen Personen in gleicher Weise verstanden wird. Mit der Vorgabe von kurzen Bezugszeiträumen erhalten die erfassten Merkmale eine Art Zustandscharakter oder die Werte entsprechen einer „Zeitstichprobe", deren Repräsentativität von den Erhebungsbedingungen abhängt. Durch die Wahl geeignet großer Zeitstruktur („im letzten Jahr" ...) lassen sich hohe Korrelationen mit Eigenschaften (Traits) erzielen.

Ein Beispiel für eine Häufigkeitsskala stellt die 7-stufige Skala des Erholungs-Belastungs-Fragebogens dar. Diese ist in Box 13 wiedergegeben.

Box 13: Häufigkeitsskalierung des EBF

In den letzten (3) Tagen ...

... habe ich Zeitung gelesen.

0	1	2	3	4	5	6
nie	selten	manchmal	mehrmals	oft	sehr oft	immerzu

Beim Einsatz von Häufigkeitsskalen ist zu beachten, dass die Itemschwierigkeit vom Bezugszeitraum abhängt. Dies bedeutet, dass der Mittelwert der Itemantworten mit längeren Zeitspannen anwächst.

3.1.8 Wahrscheinlichkeitsskalierung

Um die unmittelbare Abhängigkeit der Antworten vom Bezugszeitraum zu vermeiden, kann als Alternative eine Wahrscheinlichkeitsskala in Betracht gezogen werden. Dabei wird die Wahrscheinlichkeit eines Zustands, einer Kognition, eines Verhaltens oder Erlebens im Allgemeinen oder bezogen auf eine Klasse von Situationen als Antwortformat vorgegeben. Im Unterschied zu Häufigkeitsangaben, die sich eher an aktuellen Zuständen und Ereignissen der letzten Zeit orientieren (z. B. konkret für die letzten 3 Tage oder die letzte Prüfung/letzte Nacht etc.), erfassen Antwortvorgaben mit Wahrscheinlichkeitsaussagen eher stabile/überdauernde Merkmale. Ein Beispiel für eine Wahrscheinlichkeitsskala findet sich im Stressverarbeitungsfragebogen (Erdmann & Janke, 2008; Janke, Erdmann & Kallus, 1984). Als Bezugssituation ist im Kopf des Fragebogens ein verallgemeinerter Stresszustand vorgegeben. Den Antwortmodus zeigt Box 14.

Antwortformate und Antwortskalen 51

> **Box 14: Antwortmodus des Stressverarbeitungsfragebogens (SVF)**
>
> Wenn ich durch irgendetwas oder irgendjemanden innerlich erregt oder aus dem Gleichgewicht gebracht worden bin ...
>
> ... sage ich mir „ruhig Blut".
>
> | 0 | 1 | 2 | 3 | 4 |
> |---|---|---|---|---|
> | gar nicht | kaum | möglicherweise | wahrscheinlich | sehr wahrscheinlich |

Die Wahrscheinlichkeitsskalierung kann im weitesten Sinne auch als „Trait-Variante" der Häufigkeitsskala aufgefasst werden.

3.1.9 Scoringsysteme

Scoringsysteme, bei denen Symptome und/oder Syndrome zur Beschreibung des Ausmaßes eines Merkmals (z. B. einer Erkrankung) herangezogen werden, sind in vielen Bereichen (z. B. in der Medizin und der Klinischen Psychologie) sehr verbreitet. Man findet solche Zahlenzuordnungssysteme auch im Bereich der typologisch orientierten Diagnostik, bei der Arbeitsplatzbewertung und als Alternative zur Vorgabe direkter Antwortskalen.

Für Scoringsysteme lassen sich unterschiedliche Heuristiken heranziehen. Das Abzählen der Anzahl von positiven Symptomen und die Zuordnung von Rangzahlen zu Symptomen stellen einfache Alternativen zu einer empirischen Skalierung mit Methoden der linearen oder mehrdimensionalen Skalierung dar.

Im Falle des Auszählens von Symptomen wird die Summe der beobachteten Symptome als (Sub-)Testwert bestimmt. Dies entspricht einer ungewichteten Auswertung der erhaltenen Symptome nach dem Ja/Nein-Antwortmodell, bei dem „nein" mit „0" und „ja" mit „1" kodiert wird. Oft lassen sich die Symptome in eine Rangreihe nach der Schwere (z. B. aufgrund des Gefährdungspotenzials für die Gesundheit von Werktätigen) bringen. Jedes beobachtete Symptom kann mit der Rangzahl gewichtet werden. Als Messwert dient die Summe der Ränge der Ja-Antworten.

3.1.10 Verankerung von Urteilen

Aus der Skalierung in der Psychophysik lässt sich unmittelbar folgern, dass der Verankerung von Urteilen bei der Angabe von Ausprägungen eine entscheidende Rolle zukommen kann. Die Instruktion und das Beispiel auf dem Deckblatt eines Fragebogens können wesentlich zur Verankerung beitragen. Auch eine erste „Eisbrecherfrage" trägt dazu bei, den Verankerungsprozess zu steuern.

3.2 Antworttendenzen und systematische Messfehler

Antworttendenzen (engl. *response sets*) kennzeichnen Effekte, bei denen Personen auf Fragebogenitems unabhängig vom Iteminhalt in systematischer Weise reagieren. Während Antwortstile inhaltliche Verzerrungen z. B. in Richtung sozialer Erwünschtheit kennzeichnen, wird der Begriff „Antworttendenz" eher verwendet, um formale Effekte von Antwortvorgaben zu bezeichnen, wie z. B. die Tendenz zur Mitte. Jüngere Forschungsergebnisse stellen eine Reihe von „klassischen" Methoden zur Kontrolle von Antwortstilen und Antworttendenzen in Frage (vgl. Krauth 1995, Kapitel 2.7.1). Andererseits sind bestimmte „Kulturen" zur Vorgabe von Items geeignet, systematische Fehler hervorzurufen. Im Folgenden sind einige wichtige Antworttendenzen und Faktoren, die die Antworttendenzen verstärken, aufgelistet:

- „Tendenz zur Mitte": Diese ist eine der bekanntesten Antworttendenzen und kennzeichnet die Tendenz von Personen, Mittenkategorien gehäuft zu wählen. Besonders ausgeprägt ist sie bei Mittenkategorien, die mit „weder/noch" die Möglichkeit bieten, keine „Stellungnahme" abzugeben. Die Tendenz zur Mitte wird reduziert durch unipolare Skalen, durch eine gerade Anzahl von Antwortalternativen oder durch konkrete Iteminhalte. Skalen ohne Mitte führen aber gegebenenfalls zu erhöhten Messfehlern.
- Tendenz zur ersten passenden Kategorie: Die oberste oder linke Kategorie wird öfter gewählt als die späteren Kategorien. Krauth (1995) führt diese Tendenz auf den Antwortprozess zurück, wonach die erste Kategorie, die die „Entscheidungsschwelle" für eine Antwort überschreitet, gewählt wird. Diese Tendenz wird auch „Linkstendenz" genannt.
- „Tendenz zu Extremwerten"
- Verzerrung durch extreme Ankerreize: Extreme Ankerreize wie „die schlimmste Angst, die Sie sich vorstellen können" führen dazu, dass die benutzte Kategorienbreite der Skala eingeschränkt wird.
- Polung der Items durch Formulierung mit Negationen: Negationen erhöhen die Komplexität der Informationsverarbeitung („Negationseffekt"; Wason, 1961). Bei Fragebogen ergeben sich besondere Probleme, wenn durch Negation invertierte Items („Ich bin nicht glücklich") mit einer negativen Antwortkategorie verbunden werden müssen (z. B. „niemals"). Ich bin „niemals" „nicht glücklich" ist kein Äquivalent zu „Ich bin immer glücklich". Oft ist zudem die Invertierung von Items durch Negation gar nicht möglich. „Ich bin nicht zufrieden" bedeutet nicht, dass der Mitarbeiter unzufrieden ist. Insgesamt ergibt sich auch daraus die Forderung, (doppelte) Negationen unbedingt zu vermeiden.
- Nähe-Fehler: Einflüsse aus der Itemumgebung entstehen immer dann, wenn sich die Antworten durch räumliche Nähe der Items wechselseitig beeinflussen. Besonders groß ist dieser Effekt, wenn Items zu einem Thema oder Subtest „blockweise"

vorgeben werden. In der Regel werden die Items daher „durchmischt" nach einem Zufallsmodell (vgl. dazu Kapitel 4.1.3) vorgegeben.
- Nichtbeantwortung von Items, fehlende Antworten: Dieser Effekt kann formaler, aber auch inhaltlicher Natur sein. So werden komplexe Items, aber auch sehr „private" Items oft unbeantwortet gelassen.
- Motivationale Überforderung:
  – Dauer der Testung
  – identische, sich wiederholende Fragen
- Unvollständige verbale Kodierungen stärken die Tendenz zur Mitte oder zu Extremwerten!
- Füllitems, die nicht zum Merkmal gehören, erschweren die unautorisierte Nachbildung der Subtests, können aber zu motivationalen Problemen auf Seiten der Antwortenden führen. Füllitems könne auch als Puffer gegen serielle Abhängigkeitseffekte oder zum Warm-up eingesetzt werden.
- „Mustermalen": Motivationsdefizite können bei einzelnen Antwortenden zur Wahl immer derselben Antwortkategorie führen oder zu grafischen Mustern über die Fragebogenseiten. Hier gilt es, motivationale Probleme in der Entwicklungsphase zu erkennen und entsprechende Maßnahmen durch angemessene Instruktionen oder Kürzung des Fragebogens vorzunehmen.
- Kontrastfehler
- Zustimmungstendenz

Neben den Antworttendenzen, die Verzerrungen der Antworten durch verzerrende Reaktionstendenzen auf Items kennzeichnen, sind Antwortstile verfälschende Verzerrungen, die den Antwortenden mehr oder weniger bewusst sind und die die Selbstdarstellung betreffen. Zusätzlich können systematische Messfehler durch Urteilsfehler entstehen, wie sie aus der psychologischen Diagnostik bekannt sind. Dazu gehören unter anderen der Halo-Effekt (s. unten) und der Mildeeffekt (= Bekannte werden weniger extrem beurteilt als Fremde).

Zu den Antwortstilen wird die **Tendenz zur sozialen Erwünschtheit** gezählt (Box 15). Gerade bei persönlichkeitsnahen Merkmalen oder Sachverhalten mit klarer sozialer Bewertung wie „Fehler", „Leistungsbeeinträchtigungen" und sozial erwünschtem oder juristisch relevantem Verhalten („Falschparken" oder „Missachtung von Sicherheitsstandards") werden Antworten schnell in Richtung der erwünschten Norm verzerrt. Dieses Verhalten kann mit unzureichender Selbstbeobachtung und -reflexion oder mit bewusster Verzerrung der Angaben in Verbindung stehen. Die Tendenz zur sozial erwünschten Selbstbeschreibung kann durch entsprechende Instruktionen reduziert werden oder durch die Messung von Offenheit und positiver Selbstdarstellung explizit berücksichtigt werden. Zudem lässt sich die Tendenz zu sozial erwünschten Antworten auch durch die Itemformulierung reduzieren.

Box 15: Tendenz zur sozialen Erwünschtheit

Ich erscheine unpünktlich zu Terminen.

nie	...	fast immer
0		6

Das erste Beispiel ist anfälliger gegenüber Verzerrungen als das folgende Item:

In der letzten Woche ergaben sich dichte Arbeitstage mit Verspätungen.

nie	...	fast immer
0		6

Das allgemein formulierte Item „Ich trinke Alkohol zur Entspannung" lässt sich besser so abfragen: „Nach besonders schweren Arbeitstagen genehmige ich mir ein Glas Bier, Wein oder einen Drink."

Eng verbunden damit ist die **Tendenz zur positiven Selbstdarstellung**, die die Antworten in Richtung des „Selbstideals" verzerrt. Beiden Tendenzen lässt sich durch konkrete Fragen (am besten mit einem klaren situativen Bezug) entgegenwirken. Gegebenenfalls sind neben der Konkretisierung des Merkmals auch wenig extreme Merkmalsfacetten leichter beantwortbar.

Die **Tendenz zur „Konsistenz"** beschreibt die Neigung von Personen, aus ihrer Sicht „widerspruchsfrei" zu antworten.

Abhängig vom Kontext der Datenerhebung, insbesondere in (eignungs-)diagnostischen Situationen, ist mit der **Tendenz zur Verfälschung** in Simulation oder Dissimulation zu rechnen. Der Einsatz von sog. „Lügenitems" ist aufgrund der Durchschaubarkeit solcher Items nur selten eine adäquate Methode zur Vermeidung von Verfälschungstendenzen. Zur Problematik könnte das Konzept der „sozialen Validität" (vgl. Kapitel 6.3.2) Lösungsansätze bieten.

Die Liste der validitätseinschränkenden Urteilsfehler ist zu ergänzen durch klassische Wahrnehmungs- und Beobachtungsfehler, von denen die Selbstbeschreibung oder auch die Fremdbeurteilung nicht frei ist.

Der **Halo-Effekt** schließt von einer Urteilsdimension auf eine weitere. Auch den Halo-Effekt kann man durch möglichst konkrete verhaltensnahe Items vermeiden.

Die Urteils- und Wahrnehmungsfehler sind nur durch „geschickte" Itemformulierungen und Auswahl geeigneter Merkmalsfacetten zu reduzieren. Diese Fehler tragen zu mangelnder Korrespondenz von Eigenschafts- und Zustandsmessungen bei und schwächen die Validität im Hinblick auf die konkrete Verhaltensvorhersage.

Die Liste der Antwortstile, also der inhaltlich bedingten Verzerrung in den Antworten von Personen, beginnt bei der Tendenz zur sozial erwünschten Antwort und lässt sich fortsetzen durch die aus dem Bereich der Diagnostik bekannten Ursachen für Urteilsfehler. Diese können auf Fehler in der Wahrnehmung, Speicherung, Reproduktion oder auf bewussten oder unbewussten Verzerrungen in der Informationsverarbeitung beruhen. Neben dem bereits erwähnten Halo-Effekt und der Tendenz zu Milde ist vor allem auf den sog. **Salience Bias** (Tendenz, besonders auffällige Ereignisse zur Bewertung der Gesamtsituation heranzuziehen) hinzuweisen (s. Jäger & Petermann, 1999).

Abschließend sollte erwähnt werden, dass für eine Fragebogenentwicklung komplexe Itemstrukturen und Frageverzweigungen eigene komplexe Auswertungsmodelle erfordern (so z. B. Modelle des adaptiven Testens bei Leistungsprüfungen; Hornke, 2001). Die einfache standardmäßige Auswertung erfordert, dass Items im Fragebogen keinen Bezug aufeinander nehmen. Zudem sollte in jedem Item nur eine Antwortdimension relevant sein. Damit ist Eindimensionalität von Items gefordert, d. h., nur eine Aussage pro Item oder nur eine Bewertung pro Item. Ein Item „Ich bin äußerst zufrieden" sollte nicht zusätzlich nach Häufigkeit skaliert werden, da unklar ist, wie „Zufriedenheiten" unterhalb oder oberhalb von „äußerst zufrieden" in die Häufigkeitsangaben einfließen („äußerst zufrieden" war ich „sehr selten", aber „sehr zufrieden" schon „oft" und „zufrieden" auch „sehr oft").

3.3 Formulierung des Frage-Aussage-Teils von Items

Der Frageteil bzw. der Aussageteil in Items wird im folgenden Text als **Itemkern** bezeichnet. Ein zentraler Punkt bei der Formulierung des Itemkerns ist die konzeptuell-inhaltliche Erfassung der relevanten Merkmalsbereiche und die sprachliche Passung zwischen Itemkern und Antwortformat für alle Stufen der Antwortskala.

Weiterhin gilt es bei der Itemformulierung, die Merkmalsfacetten durch repräsentative Verhaltensweisen, Reaktionen, Kennzeichen oder Zustände aus Sicht der Antwortenden auf einem für sie angemessenen Sprachniveau vorzugeben. Schließlich sind für Items immer präzise Aussagen zu formulieren.
Für die Formulierung von Items lassen sich als Leitlinie drei Aspekte betrachten:
1. Semantisch-inhaltliche Aspekte
2. Sprachlich-grammatikalische Aspekte
3. Psychologische Aspekte/Aspekte der menschlichen Informationsverarbeitung

3.3.1 Semantisch-inhaltliche Aspekte: Einfachheit

Der Itemkern muss für alle BearbeiterInnen (einfach) verständlich und gemeinsam mit dem Antwortformat eindeutig beantwortbar sein. In der Regel gibt es keine Rücksprachemöglichkeiten bei der Beantwortung von Fragebogen. Daher soll eine Reihe von Regeln beachtet werden:

1. **Einfache Aussagen formulieren**
   Komplexe oder bedingte Aussagen sind oft schwer verständlich und oft nicht eindeutig auf den Antwortmodus zu beziehen.
   Beispiel:
   "Wenn jemand Hilfe benötigt und mich freundlich bittet, bin ich hilfsbereit." (Antwort: "nie" bis "immer")
   Einige Personen sind immer hilfsbereit; manche, wenn sie freundlich gefragt werden, und andere nur dann, wenn sie äußerst freundlich gebeten werden. Die Bedingung ("wenn") macht das Item damit komplex und nicht eindeutig. Die Itemformulierung lässt ebenfalls unbeantwortet, wie sich jemand verhält, wenn die Bitte nicht freundlich gestellt wird oder nur impliziert ist. Besser wäre, nach konkreten Situationen zu fragen oder nur die Hilfsbereitschaft abzufragen: "Wie oft haben Sie in den letzten 4 Wochen Personen Hilfe angeboten?" (Antwort: "nie" [0] bis "extrem oft" [5])
   Komplexe Aussagen müssen für die Itemformulierung in einfache Komponenten zerlegt werden und bedingte Aussagen sind nur dann zuzulassen, wenn sie absolut unvermeidbar sind. Zur Formulierung von einfachen Aussagen gehört auch die Wahl einfacher Wörter (geringe Silbenzahl) und die Vermeidung von Fremdwörtern und Fachwörtern (weiterführende Literatur zu Textverständlichkeit z. B. Groeben, 1982).

2. **Präzise Aussagen/Fragen formulieren**
   Die Aussage „Ich bin hilfsbereit" hat einen sehr breiten Bedeutungsumfang und ist insofern problematisch, als die Antwort sozial erwünschtes Verhalten betrifft. In diesem Fall bietet sich an, eine präzise verhaltensbezogene Frage zu formulieren, die eindeutig beantwortbar ist, wie „In den letzten 2 Wochen habe ich anderen Personen meine Hilfe angeboten".

3. **So verhaltensnah wie möglich formulieren**
   Aussagen zu verhaltensnahen, leicht beobachtbaren Facetten eines Merkmals können in Fragebogen meist leichter eingestuft werden als Fragen zu abstrakten oder idealisierten Vorgängen. Über den Bezug zu beobachtbaren Merkmalen erhält der Fragebogen für die BearbeiterInnen eine Art Transparenz und erhöht damit die Akzeptanz sowie die „soziale Validität". Items zu theoretischen Konzepten wie „Misserfolgsmotivation", „volitionale Anstrengung", „Stress", „Burnout" und „Erho-

lung" sind mit den zugrunde liegenden Verhaltens- und Erlebensbereichen zu formulieren. Eine direkte Itemvorgabe über die Benennung des Konzepts mit der umgangssprachlichen Variante (z. B. Stress) stellt einen konzeptuellen Fehler dar, der sich unter Umständen erst bei der Prüfung der Gültigkeit des Fragebogens empirisch aufdecken lässt. Es gilt, das Merkmal zu messen und nicht die durch Medien verzerrte Modevariante in der Umgangssprache abzubilden. Die zum Konzept gehörigen Reaktionen, Zustände, Verhaltens- und Erlebensweisen sind jedoch wieder umgangssprachlich so einfach wie möglich aus der Perspektive der Befragten zu beschreiben. Je nach Ausgangsmaterial ist dabei auf ein hohes Maß von Allgemeinverständlichkeit zu achten.

4. **Pro Item nur eine Aussage**
Die Aussage „Ich bin glücklich und zufrieden" enthält zwei inhaltliche Aussagen/ Facetten und sollte in zwei vollständige Formulierungen aufgeteilt werden:
a) Ich bin glücklich.
b) Ich bin zufrieden.
Diese Regel betrifft somit auch die Eindimensionalität von Items.

5. **Eine einzige Antwortdimension**
Die Forderung nach Eindimensionalität wird auch dann verletzt, wenn in einem Item im Frageteil eine Dimension zusätzlich zur Skalierungsdimension „versteckt wird". Eng verbunden mit der Mehrfachskalierung (Mehrdimensionalität) sind auch die bereits oben erwähnten Doppelskalierungen. Im Extremfall lassen sich auch Items finden, die sich bei genauer Betrachtung auf den Antwortmodus hin gar nicht eindeutig einstufen lassen. In der Fragebogenentwicklung sollte stets ein eigener Prüfungsschritt angesetzt werden, um doppelte Merkmalsquantifizierungen zu vermeiden (Box 16).

Box 16: Beispiel zu komplexen Items

Bei der Analyse von kritischen Situationen in der Schule kann z. B. im Interview folgende Aussage genannt worden sein.
„Ich war äußerst verärgert über meine Schüler und extrem erregt."
Soll nun die Häufigkeit von solchen Situationen erfragt werden, ergibt sich das Folgende:

In den letzten 4 Wochen ...

... war ich äußerst verärgert über meine SchülerInnen und extrem erregt.

0	1	2	3	4	5	6
nie	selten	manchmal	mehrmals	oft	sehr oft	immerzu

Hier ergibt sich das bereits erwähnte Problem der Mehrfachquantifizierung. Eine Antwortende war vielleicht „nie" „äußerst verärgert", aber „oft" „ziemlich verärgert", während „stark erregt" in den letzten 4 Wochen „mehrmals" aufgetreten ist. Was sollen die TeilnehmerInnen ankreuzen? Im Item wird zwar ein typischer Zustand für kritische Situationen in Schulen dargestellt, der aber ohne „Umsetzung" des Items im Hinblick auf Häufigkeiten kaum beantwortbar ist.

Frage und Antwort müssen eine logisch-sinnvolle, eindeutig beantwortbare Einheit darstellen. Dies erreicht man in der Regel durch eine angemessene Zerlegung in Sinneinheiten und einfache Aussagen („Propositionen"). Für das Item in Box 16 bietet sich die Zerlegung in folgende Kernaussagen an:

… war ich verärgert über meine SchülerInnen.
… war ich erregt.
… bin ich aus dem Gleichgewicht geraten.

6. **Merkmalsfacetten am Alltagsverhalten orientieren**
Im Mobbing-Fragebogen von Kolodej, Essler und Kallus (2010) wurden die Items angelehnt an klassische Mobbing-Definitionen formuliert, z. B.: „… war ich körperlichen Angriffen ausgesetzt". Glücklicherweise ist diese Facette im Alltag in Österreich so selten vertreten, dass das Item aufgrund der extremen Verteilung ausgeschlossen werden musste. Extrem verteilte Items führen zu extremen Schwierigkeitskennwerten bei der psychometrischen Prüfung und damit in der Regel zu einem schlechten Wert für die sog. „Trennschärfe" der Items (Bühner, 2004; Krauth, 1995; Lienert, 1969). Daher sollten für die Formulierung von Items eher Verhaltensweisen oder Zustände herangezogen werden, die hinreichend häufig (bzw. hinreichend intensiv) auftreten. Für Mobbing wäre dies z. B. sehr späte oder keine Information über wichtige Vorgänge am Arbeitsplatz.

7. **Aussagen klar und affirmativ formulieren**
Negativ formulierte Aussagen führen zu Verständnisproblemen und stoßen immer an Grenzen, wenn die Negation nicht exakt inhaltlich verankert ist oder eindeutig das Gegenteil bzw. den Nullpunkt des Merkmals benennt (Box 17).

Box 17: Beispiel zu affirmativer Aussage

Beispiel:
„Ich bin zufrieden."

☐ gar nicht ☐ etwas ☐ mittel ☐ sehr ☐ extrem

Die Aussage lässt sich nicht umstellen durch: „Ich bin nicht unzufrieden."

Die wenigsten Personen werden die doppelte Verneinung „nicht unzufrieden" mit extremer Zufriedenheit gleichsetzen. Diese Regel muss auch bei der Kompensation von Antwortskalen durch Umpolung von Items berücksichtigt werden. Hierbei ist wieder zu beachten, dass sprachliche Invertierungen nicht zwingend das exakte „Gegenteil" bedeuten. In diesem Sinne zeigt die Forschung zur Arbeitszufriedenheit, dass die Beseitigung von Faktoren, die zu Unzufriedenheit führen, diese zwar reduziert, nicht aber automatisch zu Zufriedenheit führt. In vielen Fällen ist es möglich, den „Negativpol" durch eigene Items zu charakterisieren. Dies ist beispielsweise im Stressverarbeitungsfragebogen (Erdmann & Janke, 2008; Janke, Erdmann & Kallus, 1985) für den Bereich der Stressbewältigungsstrategien erfolgt. Es resultierten für „Positivstrategien" und „Negativstrategien" Subtests, die sich in Faktorenanalysen ähnlich unabhängig zeigten wie „Beanspruchung" und „Erholung" im EBF oder positive und negative affektive Stimmung bei Diener und Emmons (1984) oder bei Warr, Barter und Brownbridge (1983).

3.3.2 Sprachliche Aspekte: Die Sprache der Antwortenden

Bei der Formulierung von Items sind die Perspektive und das Umfeld der Befragten auch bei der Wortwahl und sprachlichen Umsetzung zu beachten.

1. **Bezüge eindeutig machen**
Bei der Wortwahl und Formulierung ist auf eine klare Bedeutung der Begriffe zu achten und sicherzustellen, dass die Bedeutung der Aussage für alle Antwortenden gleich ist (Box 18).

Box 18: Beispiel einer eindeutig formulierten Aussage

Mein unmittelbarer Vorgesetzter gibt mir Rückmeldung über meine Leistungen.

☐ nie   ...   ☐ immer

Diese Aussage ist eindeutig formuliert. Im Vergleich dazu lässt die Aussage „Ich erhalte Feedback von Vorgesetzten" offen, welche Vorgesetzten gemeint sind und wofür die Rückmeldung gegeben wird, und es ist offen, ob „Feedback" richtig verstanden wird.

2. **Konzepte in die Sprache der Befragten „übersetzen"**
Bei der Formulierung eines Itemkerns ist es wichtig, eine möglichst allgemein verständliche Sprache zu wählen. Begriffe aus Fachsprachen müssen eventuell in Umgangssprache/Hochsprache „übersetzt" werden.

Beispiel: „*... habe ich in meinen Arbeitspausen meine Aktivierung reguliert". (Antwort: „nie" ... „immer")*
Diese Formulierung geht von der unwahrscheinlichen Annahme aus, dass alle Antwortenden das Konzept der Aktivierungsregulation kennen und entsprechend beurteilen können. Besser wäre ein Zerlegung in die drei Phasen der Arbeitspause: „Ich konnte in meinen Arbeitspausen abschalten" („nie" ... „immer"), „Ich war in meinen Arbeitspausen locker entspannt" („nie" ... „immer"), „Ich habe mich am Ende der Arbeitspause auf die nächsten Arbeiten eingestellt" („nie" ... „immer").

3. **Mehrdeutige Begriffe und Begriffe mit spezifischer Bedeutung in Teilgruppen: Begriffe präzisieren**
Unklare Begriffe müssen präzisiert werden. Besondere Probleme bereiten Items mit Begriffen, die in Teilpopulationen unterschiedliche Bedeutung haben.
Beispiel:
„*In den letzten (7) Tagen ...*
... habe ich Ältere im Betrieb um Rat gebeten."
Die Aussage ist mehrdeutig, weil „Ältere im Betrieb" sich auf das Lebensalter, aber auch auf die Dauer der Betriebszugehörigkeit beziehen kann. Zudem lässt „Ältere" einen breiten Interpretationsspielraum zu. Aus der Perspektive von jugendlichen Lehrlingen sind „Ältere" eine völlig andere Gruppe (z. B. die über 25-Jährigen) als aus Sicht eines/einer 40-Jährigen (hier sind „Ältere" eher die 55- bis 65-Jährigen). Für das obige Item wäre eine Altersangabe eine notwendige Präzisierung.
Diese Problematik betrifft alle Begriffe mit breiten individuellen oder gruppenspezifischen Interpretationsspielräumen (Porst, 2009).

4. **Ähnliche Begriffe zur Eingrenzung komplexer Zustände und Prozesse verwenden**
Komplexe Zustände wie Emotionen werden bei der Definition des Merkmalsbereichs durch mehrere „Facetten" beschrieben. Dies kann bei der Itemformulierung durch eine zusätzliche sprachliche Umschreibung unterstützt werden.
Dazu werden mehrere Items mit den bedeutungsverwandten Begriffen formuliert.
Beispiel: Die Emotion „Ärger" wird im State-Trait-Ärgerausdrucks-Inventar (STAXI) von Spielberger (1991; Übersetzung: Schwenkmezger, Hodapp & Spielberger, 1992) umschrieben mit „Gereiztheit", „Ärger", „Wut", jeweils mit dem Antwortformat „überhaupt nicht" bis „sehr" für die Zustands-/State-Version bzw. „fast nie" bis „immer" für die Eigenschafts-/Trait-Version.

5. **Spezifische Begriffe an den Einsatzbereich des Fragebogens anpassen**
Fragebogen mit einer zu eng formulierten Begriffsspanne können erst nach einer Adaptierung und entsprechender erneuter testtheoretischer Überprüfung in einem

weiteren Bereich eingesetzt werden (vgl. Kapitel 2.1). Dies lässt sich durch eine hinreichend klare und allgemeine Formulierung vermeiden. Im Maslach-Burnout-Inventar (Maslach & Jackson, 1981) der ersten Generation finden sich Items mit Formulierungen, die sich explizit auf „meinen Patienten" beziehen. Items mit dieser Formulierung können bei einer Studie zu „Burnout bei Trainern im Leistungssport" oder „Burnout von Managern" nicht eingesetzt werden. Eine unreflektierte „einfache" Anpassung von Items ist für einen psychometrisch entwickelten Fragebogen, dessen Qualität über psychometrische Kennwerte gesichert ist, nicht zulässig. Unter dem Gesichtspunkt der Qualitätssicherung stellt die Anpassung spezifischer Items an den neuen Kontext eine der klassischen Tabuverletzungen dar. Bereits einfachste Umformulierungen ändern Items – und damit auch deren Kennwerte und deren Relationen zu anderen Items in einem Fragebogen! Die Bedeutung von Items ändert sich ggf. drastisch: Es ist ein großer Unterschied, ob ein Psychotherapeut einen Patienten nur noch als „Nummer" behandelt oder ob der Anrufer im Callcenter wie eine „Nummer" behandelt wird.

Bei MitarbeiterInnenbefragungen erscheint es oft sinnvoll, firmenspezifische Funktionsbezeichnungen (z. B. „Bezirksleiter") oder firmenspezifische Begriffe wie „Briefing" zu verwenden, die es in anderen Branchen gar nicht gibt. Solche spezifischen Begriffe gehören nicht in den allgemeinen Teil eines Fragebogens, sondern in den (firmen-)spezifischen Teil eines modularen Fragebogens (vgl. Kapitel 5.2.5). Nur mit dem allgemeinen Teil eines modularen Fragebogens sind bereichsübergreifende Vergleiche zulässig!

6. **Wörter mit regional unterschiedlicher Bedeutung vermeiden**
Auch regionale Sprachunterschiede stellen bei der Formulierung von Items eine „Falle" dar. Das Adjektiv „dösig" der Eigenschaftswörterliste wird am Niederrhein korrekt verstanden, nicht aber in Österreich, wo es immer wieder zu Nachfragen bei der Fragebogenbeantwortung führt. Andererseits werden typisch österreichische Formulierungen wie „ist mein Computer eingegangen" außerhalb der Grenzen von Österreich nicht ohne Lächeln oder gar nicht korrekt verstanden werden.

7. **Zeitbezug und situative Spezifität bei Items**
Bei der Spezifizierung von Items ist zu berücksichtigen, dass spezifische Situationen oder Bezüge die Vergleichsmöglichkeiten zum Teil extrem einschränken. Es ist wenig sinnvoll, eine Aussage mit dem Bezug zu den letzten 3 Tagen unmittelbar mit den letzten 14 Tagen zu vergleichen. Bei situativen Bezügen fällt diese Einschränkung noch stärker ins Gewicht.
Spezielle Bezüge schränken den Einsatz von Fragebogen in der Regel ein. Diese sind bei der Ergebnisinterpretation in Rechnung zu stellen. So fragt der Stressverarbeitungsfragebogen nach Strategien zum Umgang mit Stress. Hohe Werte im Bereich

„Bedürfnis nach sozialer Unterstützung" oder im Bereich „Resignation" bedeuten nicht, dass die Person eine entsprechende allgemeine Eigenschaft hat, sondern nur, dass diese Tendenz unter Stress besteht. Verallgemeinerungen sind empirisch zu untermauern. In der Arbeit von Kallus und Katzenwandel (1993) ließ sich zeigen, dass für unterschiedliche Bezugsstrukturen (spezifische Stresssituation, allgemeine Stresssituation, gerade erlebte Stresssituation) bei der Erfragung von Stressbewältigungsstrategien sehr unterschiedliche Validitäten erzielt werden. Dieses Ergebnis ist umso erstaunlicher, als die Profilkorrelationen über verschiedene Situationen bei der Stressbewältigung in der Regel sehr hoch ausfallen.

Optionen zum Umgang mit dem Dilemma „Je spezifischer die Frage, desto klarer ist sie beantwortbar – je allgemeiner die Frage, desto einfacher sind Vergleiche möglich" werden in Kapitel 5.2.5 über den modularen Aufbau von Fragebogen ausführlich besprochen.

Generell ist zu beachten, dass situations- oder zeitbezogene Formulierungen ein Bezugssystem definieren. Dadurch können sich Antwortsets ergeben, welche zu Reihenfolgeeffekten führen können. Daher ist ein Wechsel des Bezugsrahmens innerhalb eines Fragebogens oder von Item zu Item ebenso wie ein Wechsel des Antwortformats eher zu vermeiden, zumindest aber in systematischer Weise vorzunehmen.

8. **Das geeignete Abstraktionsniveau wählen**
Zu allgemein formulierte Items sind selten geeignet, eine spezifische Merkmalsfacette abzubilden. Konkrete, verhaltensnahe Items sind meist klarer und leichter beantwortbar. Darüber hinaus sind solche Items weniger anfällig gegenüber Antwortstilen und Antwortsets.

Items mit vergleichbarem Spezifitätsgrad und vergleichbarem Abstraktionsniveau zu formulieren, gehört zur „Kunst der Fragebogenentwicklung". Items mit geringer konzeptueller Spezifität fallen im Sinne der Klassischen Testtheorie (oder auch bei anderen einfachen Modellen) meist nicht negativ ins Gewicht. Probleme ergeben sich häufig erst bei Validierungsstudien und im Rahmen des Instrumenteneinsatzes in Forschung und Praxis. Ein interessantes Beispiel stellt das State-Trait-Angst-Inventar (STAI) von Spielberger, Gorsuch und Lushene (1970) dar, das zum „Goldstandard" in der Angstforschung gezählt werden kann (Übersetzung: Laux, Glanzmann, Schaffner & Spielberger, 1981). Betrachtet man die Angstspezifität der Iteminhalte, kommt man zu einem eher kritischen Ergebnis: Angstspezifische Items sind in der Minderzahl vertreten; die Mehrzahl erfasst unspezifisch emotionale Erregung, wie sie (eigentlich) für Stress kennzeichnend ist. Im State-Teil des STAI überwiegen vor allem Anspannungsitems, also Items, die für die Messung von Angst zu unspezifisch, zu allgemein formuliert wurden. Damit stellt sich für die Subtestentwicklung die Aufgabe, die Items auf einem homogenen Spezifitätsniveau zu formulieren.

9. **Einfache Sätze mit eindeutigen grammatikalischen Bezügen formulieren**
Nebensätze und aneinandergereihte Ergänzungen in Fragebogenitems erhöhen die Komplexität und führen zu Unterschieden im Verständnis.
Beispiel:
„In den letzten Tagen ...
... habe ich Freunde getroffen, um mich zu erholen, weil mir dies am besten gegen Stress hilft."
Nebensätze mir unklaren Bezügen kennzeichnen „schlechte" Items bereits vor der testtheoretischen Analyse. Komplexe Sachverhalte sollen nach Möglichkeit in die Basiskomponenten zerlegt werden, damit die Items als einzelne Propositionen formuliert werden können.
Für das oben genannte Beispiel wären folgende Formulierungen denkbar:
... habe ich gute Freunde getroffen.
... habe ich mich mit aktiver Freizeitgestaltung erholt.
... habe ich etwas gegen meinen Stress unternommen.

Eine Person mit hohen Werten in allen 3 Items hat wahrscheinlich (auch) die komplex formulierte Situation im Item oben erlebt.

3.3.3 Psychologische Aspekte

Weitere Leitlinien zur Itemformulierung ergeben sich auch unter dem Gesichtspunkt, dass die Beantwortung von Items für die Befragten eine Aufgabe darstellt und dass durch die Art, wie über die Items die Aufgabe gestellt wird, die Reaktionen der Befragten (also die Antworten) mitbestimmt werden. Als wichtigste Bereiche werden kurz diskutiert:
- Lesbarkeit und klares Design
- Verständlichkeit
- Einfache Beantwortbarkeit
- Neutraler Bezug zum Personen-Lebensumfeld/-kontext
- Eindeutigkeit und Klarheit

1. **Lesbarkeit und klares Design der Items**
Items sollten gut lesbar sein, und einzelne Items müssen als Einheit erkennbar sein. Diese Forderung betrifft neben der typografischen Darstellung auch die grammatikalische und semantische Struktur. Die Kernaussage sollte zu Beginn einfach und klar formuliert sein, dann erst folgen notwendige Spezifikationen, und nicht umgekehrt. Die Verbindung zu den Antwortvorgaben sollte ebenfalls typografisch klar sein.

2. **Verständlichkeit**
Items müssen möglichst leicht verstehbar sein. Dies betrifft neben der eindeutigen und klaren Wortwahl auch eine neutrale, nicht suggestive Formulierung. In vielen Fällen lässt sich durch eine konzeptbezogene Formulierung der Antwortkategorien (z. B. die Verwendung einer Antwortskala zur Wichtigkeit, wenn es um die Wichtigkeit geht) der Verständnisprozess positiv beeinflussen. Auch die Verwendung konkreter statt abstrakter Formulierungen erleichtert das Itemverständnis.

3. **Einfache Beantwortbarkeit**
Items sollten leicht beantwortbar sein und keine komplexen logischen Schlussfolgerungen oder komplexe Gedächtnisleistungen von den BearbeiterInnen verlangen. Komplexe Sachverhalte sind auf einfache Indikatoren, Zustände, Verhaltensweisen oder Beispiele „herunterzubrechen". Dies sei am Beispiel von zwei Fragebogenverfahren zur subjektiven Arbeitsanalyse verdeutlicht.
Positives Beispiel: Das Tätigkeitsbewertungssystem (TBS; Hacker, Fritsche, Richter & Iwanova, 1995) gibt komplexe Arbeitssituationen als „prototypische Beispiele" vor und erfragt ein Ähnlichkeitsurteil zwischen den vorgegebenen Polen und der eigenen Arbeitssituation. Damit ist ein „Zerlegen" des zu messenden Konzepts der „Persönlichkeitsförderlichkeit" der Arbeitsbedingungen durch eine einfache Methode über prototypische Beispiele umgesetzt worden.
Negatives Beispiel: Das SynBA-Verfahren von Wieland-Eckelmann, Saßmannshausen und Rose (1997) arbeitet mit Mehrfacheinstufungen und gibt die Komplexität der Problemstellung ohne wesentliche Unterstützung an die Beantwortenden weiter (Box 19).
Diese Vorgabe führt dazu, dass je nach Anwendungsfeld das Verfahren von den TestleiterInnen oft als vollstrukturiertes Interview eingesetzt wird, weil die Items ohne Unterstützung nicht einfach genug zu beantworten sind.

4. **Neutraler Bezug zum Personen-Lebensumfeld/-kontext**
Items sollen Bezug zum Erleben und Verhalten der antwortenden Person herstellen, ohne die Privatsphäre der Antwortenden zu verletzen. Stark moralisch, normativ oder sozial positiv oder negativ bewertete Inhalte gehören in ein persönliches Interview und eignen sich zur Itemformulierung weit weniger als „unbelastete" Verhaltens- und Erlebensbereiche. Insbesondere Tabuitems gehören nicht in einen Fragebogen. Dies sei am Beispiel eines Projekts verdeutlicht: An der Evaluation eines Gesundheitsförderungsprogramms nahmen neben öffentlichen auch Krankenhäuser verschiedener Religionsgemeinschaften teil. Auf Hinweis der Gender-Mainstreaming-Verantwortlichen im Projekt mussten auch Facetten zur sexuellen Belästigung in die Fragebogen mit aufgenommen werden. Diese Fragen führten in einem streng religiös geführten Krankenhaus zur Ablehnung der gesamten Evaluation. Die

Box 19: Item aus dem SynBA-Verfahren (Wieland-Eckelmann, Saßmannshausen & Rose, 1997)

Die Arbeitsbedingungen sind schlecht, der Arbeitsablauf ist häufig gestört.

	trifft überhaupt nicht zu	trifft selten zu	trifft manchmal zu	trifft oft zu	trifft vollständig zu
Dies hat etwas mit **Ihrem Arbeitsauftrag** zu tun.	0	1	2	3	4

	trifft überhaupt nicht zu	trifft selten zu	trifft manchmal zu	trifft oft zu	trifft vollständig zu
Dies hat etwas mit **der Zusammenarbeit und Kommunikation mit anderen** zu tun.	0	1	2	3	4

	trifft überhaupt nicht zu	trifft selten zu	trifft manchmal zu	trifft oft zu	trifft vollständig zu
Dies hat etwas mit **den verwendeten Arbeitsmitteln (insbes. Computer und Software)** zu tun.	0	1	2	3	4

als indiskret empfundenen Fragen blieben nicht einfach unbeantwortet, sondern bei einem Teil der Betroffenen kam es zu massiven emotionalen Reaktionen. Der Abbruch der Evaluation konnte nur durch massives Einschreiten von Seiten der Projektleitung verhindert werden.

Prinzipiell sind problembehaftete und sehr private Facetten von Merkmalsbereichen nicht in Fragebogen, sondern in persönlichen Interviews abzuklären.

5. **Eindeutigkeit und Klarheit**

Items sind nach Möglichkeit immer so zu formulieren, dass sie auch ohne den Kontext der anderen Items beantwortbar sind.

An dieser Stelle sei nochmals darauf verwiesen, dass Fragen, die wechselseitig aufeinander Bezug nehmen, sich mit den vorhandenen Methoden nicht sinnvoll auswerten lassen und die Auswertung vor messtheoretisch ungelöste Probleme stellen. Diese grundsätzliche Problemstellung betrifft auch gestufte Fragen wie „wenn ja, dann ...". Hierbei ist vor Einsatz der Items zu überlegen, welchen Punktwert die

Personen erhalten sollen, die nicht mit Ja antworten. Im Fall, dass dies nicht eindeutig entschieden werden kann, sollte die Frage in einen qualitativen Befragungsteil übernommen werden.

Fasst man alle angesprochenen Leitlinien zusammen, ergibt sich eine Checkliste mit 20 Punkten, die deutlich über die üblichen Regeln (z. B. 10 Gebote der Frageformulierung; Porst, 2009) und die „klassischen Regeln" von Payne (1951) hinausgehen (Tabelle 2).

Tabelle 2: Checkliste der Leitlinien zur Itemformulierung

1	Items sollten gut lesbar sein.
2	Grammatikalisch einfache Sätze/Fragen formulieren.
3	Einfache Aussagen formulieren.
4	Items sollten leicht verstehbar sein.
5	Präzise Aussagen/Fragen formulieren.
6	Aussagen klar und affirmativ formulieren.
7	Bei der Wortwahl und Formulierung auf eine klare Bedeutung der Begriffe achten und sicherstellen, dass die Bedeutung der Aussage für alle Antwortenden gleich ist.
8	Unklare Begriffe sollten präzisiert werden.
9	Seltene/ausgefallene und regionale Begriffe vermeiden.
10	Auf die Sprache der Untersuchungspopulation eingehen.
11	Affirmativ formulieren und komplexe Negationen, insbesondere doppelte Negationen, vermeiden.
12	Items sollten leicht beantwortbar sein und keine komplexen logischen Schlussfolgerungen und keine komplexen Gedächtnisleistungen von den Antwortenden verlangen.
13	Das geeignete Spezifitätsniveau wählen.
14	Items sollten Bezug zum Erleben und Verhalten der antwortenden Person herstellen.
15	So verhaltensnah wie möglich formulieren.
16	Tabuitems gehören nicht in einen Fragebogen.
17	Die angesprochenen Merkmalsfacetten sollen in der Population möglichst wenig extrem sein.
18	Items sind so zu formulieren, dass sie ohne den Kontext der anderen Items beantwortbar sind.
19	Pro Item nur eine Aussage.
20	Semantisch ergänzende Bereiche systematisch über die Items verteilen.

3.3.4 Unabhängigkeit der Messfehler

Eine zentrale Annahme der Klassischen Testtheorie betrifft die Messfehler, die nicht systematisch mit der Merkmalsausprägung zusammenhängen sollten und sich nicht wechselseitig beeinflussen dürfen. Systematische Varianz ist allein für die erfassten Merkmale zulässig. Wenn diese Voraussetzung nicht gegeben ist, müssen für die systematischen Messfehler die dahinterliegenden Konzepte identifiziert werden und in die Prüfung der Fragebogenqualität explizit einbezogen werden. Bei der Formulierung von Items sind somit formale oder sprachliche Ähnlichkeiten für Teilgruppen von Items so gering wie möglich zu halten. Während mit der Itemanalyse bei der Testkonstruktion nach der Klassischen Testtheorie das Grundaxiom „Unabhängigkeit von Messwert und Messfehlern sowie der Messfehler untereinander" nicht prüfbar ist, zeigen Modelltests zum Messmodell mittels linearer Strukturgleichungsmodelle abhängige Messfehler auf. Abhängige Messfehler werden häufig durch Fehler bei der Itemformulierung, aber auch beim Testlayout oder bei der Testvorgabe in den Fragebogen „eingeschleust".

3.4 Skalierung

Der Versuch, unterschiedliche Ausprägungen von psychischen oder sozialen Merkmalen zahlenmäßig zu repräsentieren, fällt in den Bereich der Skalierung. In der Skalierung wird versucht, Unterschiede in der Merkmalsausprägung in entsprechenden Unterschieden zwischen zahlenmäßigen Repräsentationen wiederzugeben. Dabei wird immer wieder übersehen, dass die Zahlenrelationen keine direkten Schlüsse auf die Merkmalsrelationen erlauben. So lässt sich das Geschlecht mit den zwei unterschiedlichen Zahlen 1 und 2 zahlenmäßig abbilden. Dies bedeutet aber nicht, dass damit das Geschlecht „2" (z. B. männlich") doppelt so viel ist wie das Geschlecht „1" (obwohl gilt: $2 * 1 = 2$). Dementsprechend ist durch die Zuordnung von gleichabständigen Zahlen noch keine Gleichabständigkeit von Merkmalsausprägungen gegeben! Skalierungsprobleme können eindimensional sein (Abbildung von Merkmalsausprägungen in einer Zahl) oder mehrdimensional (Abbildung von Merkmalsausprägungen in einem Zahlenvektor). Sogenannte abgeleitete Messungen kombinieren mehrere Messdimensionen in einfachen Werten. Als Beispiel kann das unterschiedliche Gewicht von Personen herangezogen werden (Dimension 1). Unterschiede im Gewicht sind im Hinblick auf Gesundheit oder körperliche Fitness nicht ohne Berücksichtigung der Körpergröße (Dimension 2) beurteilbar. Damit ist hier ein Vektor aus Gewicht und Größe relevant. Ein abgeleitetes Maß für das Problem „gesundes Gewicht" oder „Fitness" ist der Body Mass Index (BMI), der Gewicht und Größe kombiniert als Verhältnis von Gewicht (in kg) und dem Quadrat der Körpergröße in Metern. Solche kombinierten

Messungen setzen ein hohes Skalenniveau voraus, damit eine „sinnvolle Zahl" resultiert. Während Gewicht und Körpergröße einen festen Nullpunkt aufweisen, ist die Festlegung von Nullpunkten für die in Fragebogen ermittelten psychologischen Merkmale nur in wenigen Fällen sinnvoll (z. B. Auszählen von Symptomen). Selbst hier kann man aber oft nicht schließen, dass das dahinterstehende Merkmal eine Ausprägung von „nicht vorhanden" hat. Die fehlende Krankheitsdiagnose ist kein Garant dafür, wirklich zu 100% gesund zu sein. Damit ist die Bildung von abgeleiteten Kennwerten eher auf einfache Transformationen (z. B. Differenzen) eingeschränkt.

Das bei der Messung von Merkmalsunterschieden zugrunde liegende Messproblem wird bei den Ergebnissen von Fragebogenerhebungen immer wieder sträflich vernachlässigt. Oft werden die Fragebogenwerte unter Bezug auf die verbale Verankerung 1 : 1 direkt „als bare Münze" interpretiert. Für das maximal vorliegende Intervallskalenniveau ist dies jedoch keine zulässige Aussage. In den USA ist es nicht doppelt so warm wie in Europa, auch wenn die Wetterberichte dort immer fast doppelt so hohe Temperaturen angeben (in Grad Fahrenheit) als in Europa (in Grad Celsius). Bei Fragebogenitems und auch bei Subtests weiß man aber nicht, auf welcher Skala die Werte liegen, vielmehr hängt dies direkt von den Itemformulierungen ab. Die Betrachtung der Antworten bei Fragebogen als Antworten in „geordneten Kategorien" ist wahrscheinlich die am besten haltbare Annahme zur Skalenqualität. Nur bei großzügiger Betrachtung ist die Annahme des Intervallskalenniveaus, d. h. die Annahme einer Maßeinheit, die über die Items (oder Subtests) vergleichbar ist, überhaupt haltbar. Diese Annahme ist aber für die üblicherweise vorgenommenen Berechnungen zur Güte psychometrischer Tests notwendig, wie im nächsten Abschnitt zusammenfassend dargestellt wird.

3.4.1 Skalenniveau

Eine psychometrische Skala bildet die empirischen Merkmalsunterschiede in numerischen Unterschieden ab. Das Skalenniveau gibt an, wie die Unterschiede zwischen den Zahlen zu interpretieren sind. Die üblicherweise betrachtete Unterscheidung von Skalenniveaus beschreibt als unterste Stufe der Messung die einfache Zuordnung zu ungeordneten Klassen im Sinne einer Benennung (**Nominalskala**). Beispiele für nominalskalierte Merkmale sind das Geschlecht oder die Haut- oder Augenfarbe. Als zweite Stufe des Skalenniveaus wird die Messung einer Rangordnung oder die Zuordnung zu geordneten Kategorien vorgenommen (**Rangskala**). Beispiele sind die Platzierung in vielen Sportarten oder die Notenvergabe. Als nächsthöheres Skalenniveau wird in der Regel die sog. **Intervallskala** angeführt, die annimmt, dass die Abstände zwischen zwei Abstufungen eine identische Größe haben. In der Physik ist die Temperaturskala ein gutes Beispiel, in der die Energiezufuhr für jeweils ein Grad Erwärmung identisch ist. In der Psychologie ist die Annahme einer festen Maßeinheit für psychophysische

Funktionen wie Wahrnehmung gut etabliert, auch wenn diese mit physikalischen Einheiten in der Regel nicht linear, sondern logarithmisch verbunden sind. Eine alternative „Maßeinheit", die bei Messtransformationen verwendet wird, ist die Populationsstreuung. Diese ist Basis für Skalen wie die IQ-Skala. Für das Fragebogenverfahren zur Messung von Ermüdung, Monotonie, Sättigung und Stress (BMS) wird die T-Werte-Skala herangezogen, die ebenfalls auf der „Einheit" der Populationsstreuung basiert.

Die vierte Stufe des Skalenniveaus ist die sog. **Verhältnisskala**, die neben einer (definierbaren) Maßeinheit einen festen Nullpunkt aufweist. In der Physik wäre das Gewicht nach Kelvin ein Beispiel mit festem Nullpunkt und einer (definierbaren) Maßeinheit. In der Psychologie lassen sich neben Beispielen aus der Psychophysik auch Reaktionszeiten als Verhältnisskala anführen. Der Nullpunkt ist fixiert, die Einheit (Millisekunden, Sekunden etc.) ist wählbar. Aussagen auf Verhältnisskalenniveau („doppelt so schnell reagiert") bleiben stabil, unabhängig von der gewählten Einheit.

Das höchste Skalenniveau stellt die **Absolutskala** dar. Hier ist neben dem Nullpunkt auch die Einheit vorgegeben wie beim Abzählen. Tabelle 3 listet die üblichen Stufen des Skalenniveaus mit Beispielen auf.

Tabelle 3: Skalenniveaus

Skalenniveau/Beispiel	Kennzeichnung
Nominalskala/Geschlecht	Zugehörigkeit zu einer Klasse
Ordinalskala/Platzierungen im Sport	Rangordnung
Intervallskala/Temperatur	Messung mit einer beliebigen Einheit
Verhältnisskala/Reaktionszeiten	Messung mit beliebiger Einheit, aber festem Nullpunkt
Absolutskala/absolute Anzahl	Messung mit fester Einheit und festem Nullpunkt

Die zwischen den Zahlen vorliegenden Relationen dürfen immer nach Maßgabe des Skalenniveaus interpretiert werden. Wird bei der Nominalskala „Geschlecht" weiblich mit „1" und männlich mit „2" kodiert, darf nur der Unterschied interpretiert werden und weder die Relation (2 ist das Doppelte von 1) noch die Rangordnung (2 ist größer als 1). Zudem ist es nicht möglich, Nominal- oder Rangdaten zu addieren oder zu mitteln, wie das Beispiel im nächsten Abschnitt zeigt.

Ein Fragebogen vermittelt zudem oft den nicht haltbaren (trügerischen) Eindruck, die Items wären mit derselben Skaleneinheit gemessen und könnten dann auf Intervallskalenniveau oder Verhältnisskalenniveau interpretiert werden. Diese mögliche Fehlinterpretation soll am folgenden Beispiel verdeutlicht werden.

Man nehme Items vom Merkmal "Schmerz" und skaliere die Intensität nach den Stufen ...

0	1	2	3	4	5
gar nicht	etwas	ziemlich	stark	sehr stark	extrem stark

Als Merkmalsfacetten kommen hinzu:
- *Schmerzen unter dem Fingernagel*
- *Schmerzen an den Haarwurzeln*
- *Schmerzen im Magenbereich*
- *Kopfweh*
- *Zahnweh*
- *Muskelkater*
- *Trigeminusschmerzen*
- *Migräneschmerz*
- *Knochenhautschmerz*
- *Schmerz von einer Spritze*

In der Auswertung stellt die ungewichtete Summe oder der Mittelwert über die verschiedenen Schmerzsymptome kein brauchbares metrisches Maß für die Schmerzintensität mehr dar, weil die Symptome nicht "gleichwertig" sind und (dennoch) identische Werte zugeordnet werden.

Andererseits lässt sich durch das "Festhalten" einer Zahlenzuordnung, wie dies bei statistischen Rangtests erfolgt, die schwierige Skalierungssituation verbessern. Das Problem der Interpretierbarkeit statistischer Kennwerte in Abhängigkeit vom Skalenniveau behandelt das nächste Kapitel.

3.4.2 Zulässige Transformationen und sinnvolle Statistiken

Zwei zentrale Implikationen des Skalenniveaus verbergen sich hinter den Begriffen der "zulässigen Skalentransformation" und der damit verbundenen "sinnvollen Statistik für ein gegebenes Skalenniveau". Bei der Absolutskala liegt fest, für welche Merkmalsausprägung der Wert "Null" zu vergeben ist und wie die Maßeinheit zu definieren ist. Damit ist die einzig erlaubte alternative Zahlenzuordnung die Identität. Es sind also keine alternativen Zahlenzuordnungen erlaubt. Damit gibt es auch keine Möglichkeit, die Ergebnisse statistischer Berechnungen durch "zulässige" Skalentransformationen zu verzerren. Daher sind auf Absolutskalenniveau alle statistischen Kennwerte sinnvoll. Dies ändert sich mit fallender Skalenqualität. Während auf Verhältnisskalenniveau nur die Einheit durch multiplikative Transformation geändert werden darf und

Skalierung

auf Intervallskalenniveau nur Lineartransformationen erlaubt sind, sind auf Rangskalenniveau beliebige monotone Transformationen möglich, die die Rangfolge der Personen aufrechterhalten.

In Box 20 ist ein Beispiel zur zulässigen Skalentransformation dargestellt. In der oberen Zeile sind die Messwerte vor der Transformation aufgetragen. Die vorletzte Spalte zeigt das arithmetische Mittel (M), die letzte Spalte den Median (MD). Beide zeigen eine größere zentrale Tendenz der Verteilung für Gruppe 1. Geht man von einer Ordinalskala aus, ist jede monotone Datentransformation erlaubt. Wählt man als einfache monotone Transformation $y = x^2$, ergibt sich für die beiden Gruppen die Messwertzuordnung in Zeile 2. Berechnet man nun in Zeile 2 für die beiden Gruppen arithmetisches Mittel und Median anhand der transformierten Messwerte, zeigt sich eine Umkehrung der Größenrelation im arithmetischen Mittel (vgl. untere Tabelle in Box 20). Das arithmetische Mittel ist für Rangskalen keine sinnvolle Statistik, da die Aussage nicht invariant gegenüber Skalentransformationen ist. Der Median hingegen zeigt ein stabiles Ergebnis. Man beachte, dass das Quadrieren keine lineare Transformation ist und auf Intervallskalenniveau nicht zulässig ist. Es ist demnach beispielsweise nicht dasselbe, für die Variabilität von Antworten, Leistungen oder physiologischen Maßen ein Varianzmaß oder ein Streuungsmaß heranzuziehen!

Box 20: Beispiel einer zulässigen Skalentransformation

	Gruppe 1												M	MD
Originalwerte	0	1	3	2	3	4	4	4	3	4	3	2	0	2,54	3
Transformierte Werte	0	1	9	4	9	16	16	16	9	16	9	4	0	8,38	9

	Gruppe 2												M	MD
Originalwerte	1	1	3	5	4	5	6	2	1	1	0	1	1	2,38	1
Transformierte Werte	1	1	9	25	16	25	36	4	1	1	0	1	1	9,31	1

	M	MD
Originalwerte	$M_{(Gr.1)} = 2{,}54 > M_{(Gr.2)} = 2{,}38$	$MD_{(Gr.1)} = 3 > MD_{(Gr.2)} = 1$
Transformierte Werte	$M_{(Gr.1)} = 8{,}38 < M_{(Gr.2)} = 9{,}31$	$MD_{(Gr.1)} = 9 > MD_{(Gr.2)} = 1$

Legende: M = arithmetrisches Mittel, MD = Median

Das arithmetische Mittel und ähnliche metrische Statistiken sind auf Rangniveau keine „sinnvollen" Statistiken. Damit hat die Auswertung von Fragebogen, für die bei Items nur „geordnete Kategorien", also Rangskalenniveau angenommen werden kann, ein massives skalierungstheoretisches Problem.

Die zulässigen Zahlentransformationen für ein Skalenniveau bestimmen, welche statistischen Größen sinnvoll berechnet werden können. So ist das arithmetische Mittel auf Intervallskalenniveau sinnvoll, nicht aber auf Rangskalenniveau, wo beliebige Zahlenzuordnungen erlaubt sind, die die Rangfolge der Merkmalsunterschiede beibehalten.

In Tabelle 4 sind die Skalenniveaus aus Tabelle 3 noch um zulässige Transformationen und Beispiele sinnvoller Statistiken ergänzt.

Tabelle 4: Skalenniveaus, zulässige Transformationen und sinnvolle Statistiken

Skalenniveau/ Beispiel	Kennzeichnung	Zulässige Transformation	Sinnvolle Statistik
Nominalskala/ Geschlecht	Zugehörigkeit zu einer Klasse	alle Transformationen, bei denen Unterschiede erhalten bleiben	Häufigkeiten, relative Häufigkeiten
Ordinalskala/ Platzierungen im Sport	Rangordnung	Rangtransformationen	rangbezogene Statistiken
Intervallskala/ Temperatur	Messung mit einer beliebigen Einheit	Lineartransformationen $y = ax + b$	metrische Statistiken wie Mittelwerte, Varianz und Kovarianz
Verhältnisskala/ Reaktionszeiten	Messung mit beliebiger Einheit, aber festem Nullpunkt	$y = ax$ multiplikative Transformation	Verhältnisse, Vergleiche von Relationen und Prozentwerten
Absolutskala/Anzahl	Messung mit fester Einheit und festem Nullpunkt	keine Transformation (Identität) $y = x$	alle Kennwerte

Da das Skalierungsproblem in der Klassischen Testtheorie ungelöst ist, lohnt bei einfachen Skalen ein Blick auf alternative Optionen (lineare Skalierung) oder auf sog. probabilistische Modelle zur Fragebogenkonstruktion (vgl. Kapitel 3.4.4 und 6.4; Literatur dazu: Fischer, 1974; Rost, 2004).

3.4.3 Skalenniveau von Fragebogenitems

Prinzipiell ist für statistische Analysen bereits auf Itemebene, mindestens aber mit den im Test bestimmten Subtestwerten („Scores") Intervallskalenniveau anzustreben. Im Fall, dass nur ordinales Niveau erreicht werden kann, sollten eigentlich entsprechende ordinale Modelle verwendet werden. In vielen Fällen ist die Annahme haltbar, dass die Antworten in geordneten Kategorien erfolgen. Während die direkte Vergleichbarkeit der Kategorien über verschiedene Items hinweg problematisch ist (im Sinne der Klassischen Testtheorie), kann die Annahme, dass jedes Item erneut die Stichprobe angemessen rangordnet, als gegeben angesehen werden. Ansätze zur Nutzung dieser Information werden bei Krauth (1995) diskutiert.

Können die Kategorien nicht einmal angeordnet werden, ist nur eine qualitativ orientierte statistische Analyse mit kategorialen Verfahren möglich. Diese qualitativ orientierten Analysen (von „Bogen mit Fragen") sind nur für größere Stichproben aussagekräftig.

Bei der Formulierung von Items und der Auswahl von Antwortformaten ist bereits auf Itemebene eine möglichst hohe Messgenauigkeit anzustreben. Je höher die Messgenauigkeit, umso geringer kann die Itemzahl für einen klassischen Fragebogen ausfallen. Die Klassische Testtheorie geht (im Prinzip) davon aus, dass bereits Items intervallskalierte Ergebnisse liefern. Diese Annahme gilt oft nur dann, wenn „sehr gute" Items formuliert sind. Dies ist immer dann der Fall, wenn eine (hypothetisch angenommene) Prüfung nach einem Modell der linearen Skalierung, z. B. Sixtl (1982), die Annahme einer Intervallskala empirisch rechtfertigen würde. So kann man für „gute Items" davon ausgehen, dass die Antwortenden (BearbeiterInnen) die Skala problemlos wie im Modell der „gleich erscheinenden Intervalle" benutzen können. Die Annahme impliziert, dass sich für jedes Item annähernd eine statistische Normalverteilung der Antworten oder mindestens eine unimodale symmetrische Verteilung ergibt. Items mit extremen Verteilungen, die durch sehr hohe Schiefe, extreme Werte für den Exzess und/oder sehr kleine Streuungen auffallen, erfüllen die Annahme der Intervallskalierung in der Regel nicht und stellen bei der Itemanalyse Kandidaten für die Eliminierung dar. Auch bi- oder multimodale Verteilungen der Antworten sind als Hinweis auf ein Skalenproblem bei dem jeweiligen Item zu werten. So sprechen bimodale Verteilungen für eine Verletzung der Eindimensionalität des Items.

Für Fragebogenitems haben sich Antwortskalen mit wenigen Abstufungen in Anlehnung an das Skalierungsmodell von Likert (1932) etabliert. Likert hat versucht, durch verbal verankerte, gewichtete Vergleichsurteile eine Skalierung auf Itemebene vorzunehmen. Die Likert-Skala ist verwandt mit der Skalierungsmethode der gleich erscheinenden Intervalle nach Thurstone (Thurstone & Chave, 1929). Wichtig ist der Hinweis, dass das zu untersuchende Merkmal bzw. die jeweilige in der Frage formulierte Facette auch entsprechend abgestuft beurteilbar sein muss. Die Werteeinheit allein macht ein Merkmal noch nicht messbar, sondern Merkmal (Länge), Messanleitung (Zollstock) und Einheit (Meter) führen zu einer (brauchbaren) Skala. Bei den Items eines Fragebogens im Sinne der Klassischen Testtheorie werden Schwächen bei einzelnen Items zum Teil durch die Summierung/Mittelwertbildung der Subtestwerte kompensiert. Die Summierung/Mittelung von Items setzt eine einheitliche Antwortskala voraus.

3.4.4 Alternativen zur Klassischen Testtheorie

Wenn das zu messende Merkmal mit hoher Wahrscheinlichkeit eindimensional ist oder die Ausprägung auf einem eindimensionalen Hauptkontinuum abzubilden ist, kann auf ein probabilistisches Testmodell zurückgegriffen werden. Das Modell von Rasch für dichotome Antworten oder das erweiterte Raschmodell von Birnbaum (vgl. Fischer, 1974; Rost, 2004) schaffen einen Übergang zwischen Fragebogen nach der Klassischen Testtheorie (Lord & Novick, 1968) und Antwortskalen, die über Methoden der linearen Skalierung entwickelt wurden.

Insbesondere bei Messungen von psychischen Zuständen und zustandsorientierten Merkmalen ist eine kurze Befragung notwendig und ein Fragebogen mit vielen Items nicht einsetzbar. In diesen Fällen sind Skalen (z. B. „Angstthermometer") oft funktionaler als Fragebogen. Skalen sollten empirisch entwickelt und geprüft sein (vgl. z. B. die Anstrengungsskala von Borg, 1998). Für eine Reihe von psychophysischen Merkmalen sind Skalierungsverfahren entwickelt worden. Dazu zählt neben der Borg-Skala auch das Verfahren des zweistufigen Kategorienurteils nach Heller und Krüger (1974), welches für Lärm und Schmerz einsetzbar ist.

Zuverlässige Merkmalsunterschiede werden dann gemessen, wenn die Merkmale auf ihre Skalierbarkeit hin bereits sehr gut untersucht sind. Umweltmerkmale und deren (Aus-)Wirkung können meist auf Analysen der Wahrnehmungspsychologie und der Psychophysik zurückgreifen. Hier lassen sich etablierte und geprüfte Skalen einsetzen, die im Unterschied zu Fragebogen oft eine sehr exakte Instruktion erfordern. Das Skalierungsprinzip dabei heißt dann: Ein Urteil, aber bitte sehr genau! Die Prüfung der Qualität von eindimensionalen Skalierungen erfolgt mit den Methoden der linearen Skalierung (z. B. im Modell des systematischen Paarvergleichs).

Eine Übertragung auf einen anderen Merkmalsbereich ist dabei ohne entsprechende empirische Basis unzulässig. So findet sich immer wieder eine naive, empirisch ungeprüfte Übertragung der Borg-Skala auf andere Merkmale. Das Vorgehen lässt sich mit dem Versuch vergleichen, mit einem Metermaß nicht nur Länge, Breite und Höhe, sondern auch die KW-Leistung eines PKW zu messen. „Natürlich" wird die Analyse zeigen, dass „größere" PKWs auch häufig über mehr KW verfügen – nur die Zahlenzuordnung (z. B. des Umfangs des PKW) zur KW-Leistung wird sehr ungenau sein.

4 Schritte der Fragebogenentwicklung

In der Regel sind bis zu diesem Schritt alle Items mit einer identischen Antwortskala formuliert und können zu vorläufigen Subtests zusammengestellt werden. Für die weitere Entwicklung werden die Items jedes Subtests auf Stimmigkeit überprüft, in eine endgültige Reihenfolge gebracht, typografisch gestaltet und mit einer standardisierten Instruktion versehen. Damit sind die Items dann für psychometrische Überarbeitungsschritte in einer Weise zusammengestellt, die der späteren Form des Fragebogens entspricht. Für die Erstellung des Fragebogens ist es sinnvoll, auch bei einem Prototyp Wert auf formale Korrektheit zu legen und eine Reihe von Entscheidungen über die Fragebogenform explizit zu treffen. Je nach Fragestellung sind die Items Vortestungen zu unterziehen.

4.1 Zusammenstellung von Subtests

Im günstigsten Fall ergeben sich die Subtests inhaltlich aus der Operationalisierung des Merkmalsbereichs. Die Subtests werden aus den Items gebildet, die zu einer Merkmalsfacette gehören. In Kapitel 2 wurden bereits Methoden besprochen, die bei einem schlecht strukturierten Merkmalsbereich zur Subtestbildung herangezogen werden können. Diese erfordern in der Regel eine erste Datenerhebung mit einer Stichprobe, die deutlich größer zu sein hat als die Itemzahl. Bühner (2004) empfiehlt bei Faktorenanalysen eine Stichprobe von 180 Personen. Zur Sicherung der Stabilität gegenüber Personentypen (Q-Technik) sollte eine Stichprobe mindestens das 3-fache der Itemanzahl umfassen. Subtests werden bei der statistischen Entwicklung von Subtests aus Items gebildet, die untereinander hoch korrelieren. Ein weiteres Kriterium ist dadurch gegeben, dass die Items eines Subtests mit anderen Items und Subtests eher niedriger korrelieren sollten. Hoch korrelierende Items messen in der Regel einen gemeinsamen „Kern", die zu messende Facette des Konzepts. Items mit hoher Korrelation sind jedoch nicht zwingend inhaltlich „verwandt", da hohe Korrelationen auch durch Drittvariablen bedingt sein können (Alter als Drittvariable erklärt die hohe Korrelation von Schuhgröße und Leistung im Intelligenztest).

Items eines Subtests sollten in vergleichbarer Form auf vergleichbarem Abstraktionsniveau und mit vergleichbarer Spezifität die Facetten des Konzepts abbilden, da im Rahmen der Klassischen Testtheorie die Items nicht gewichtet werden.

Zur Zusammenstellung von Items ist die Metapher des „Teams", des „Kindergeburtstags" oder auch der „Party" hilfreich. Die Items müssen inhaltlich und formal „zueinanderpassen" und aufeinander abgestimmt sein – wie Mitglieder eines Teams, damit die gemeinsame Aufgabe optimal erledigt wird, oder die Tischordnung für die Gäste eines Festes, damit ein harmonisches, gelungenes Ereignis wahrscheinlich ist.

Statistisch betrachtet heißt das, die Items müssen eine homogene Varianz-Kovarianz-Matrix ergeben. Items mit hoher Varianz sind die „größeren, schwereren", die den dominanten Teammitgliedern entsprechen. Teammitglieder, die miteinander nicht reden/„nicht können", entsprechen Items, die keine hinreichenden Korrelationen aufweisen. Items mit sehr abstrakten Formulierungen korrelieren mit einer Vielzahl von Items, weisen jedoch oft keine symmetrischen Korrelationen auf.

Items bilden dann gute Subtests, wenn sie „als Itemgruppe" harmonieren. In diesem positiven Fall sind Items kompensatorisch und gleichgeordnet. Nicht passende Items lassen sich bei der Itemanalyse der Klassischen Testtheorie identifizieren. Es hat sich als günstig erwiesen, die Itemformulierung bereits so zu gestalten, dass die Items eines Subtests hinreichende inhaltliche und formale Ähnlichkeit aufweisen. Im Idealfall ergibt sich eine Subteststruktur mit überlappenden, vergleichbaren Facetten, die sich durch ein Venn-Diagramm wie in Abbildung 2 veranschaulichen lässt.

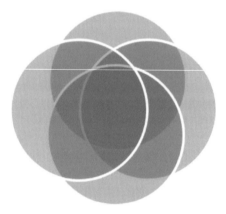

Abbildung 2: Venn-Diagramm zur Subteststruktur mit überlappenden Facetten

Die Itemanalyse identifiziert jedoch nicht, ob asymmetrische Relationen vorliegen, also ein Item „zu allgemein" formuliert ist. Die Analysen von sog. Messmodellen (Kline, 1998; Mulaik & Millsap, 2000) im Rahmen von Strukturgleichungsmodellen bieten wichtige ergänzende Information zur Passung der Items zu den Subtests (vgl. Kapitel 6.4.2). Nach der Zusammenstellung der Items zu Subtests sollte eine inhaltliche und eine formale Prüfung der Subtests vorgenommen werden.

4.1.1 Inhaltliche Prüfung der Subtests

Die inhaltliche Prüfung der Items nimmt den Itempool jedes Subtests und fragt nach der Überlappung der Iteminhalte, nach der Eindeutigkeit des Bezugs des Items zur Facette des Konzepts (Spezifität des Items) und nach der zu erwartenden Itemschwierigkeit. Insbesondere die Frage der Passung der Items zum Konzept kann von einem ExpertInnenrating deutlich profitieren. Dazu werden dann die Items einer ExpertInnengruppe zur Zuordnung zu den Subtests vorgelegt oder die Passung wird direkt (z. B. über ein Notensystem) von den ExpertInnen bewertet. Beispiele sind die Entwicklung des Fragebogens zur Konflikteskalation am Arbeitsplatz (IKEAr; Kolodej, Voutsinas, Jiménez & Kallus, 2005) und des Tests zur Erfassung von Mobbingverhaltensweisen am Arbeitsplatz (TEMA; Kolodej, Essler & Kallus, 2010).

Wenn die Prüfung prägnante Items liefert, die extreme Verteilungen erwarten lassen, können diese in der Regel durch Reformulierung angepasst werden. Vorsicht ist jedoch dann angebracht, wenn durch eine spezielle Qualifizierung das Item geändert wird und eine zweite Urteilsdimension einbezogen wird. Die folgenden Beispiele erläutern das Vorgehen:

Das Item „In den letzten Jahren war ich in einen Konflikt am Arbeitsplatz verwickelt" mit der Kategorie „ja/nein" birgt das Risiko extrem vieler Ja-Antworten. Durch Reformulierung zu „In den letzten Jahren war ich in einen lang andauernden Konflikt (länger als 4 Wochen) verwickelt" ändert sich die A-priori-Zustimmungswahrscheinlichkeit deutlich in Richtung eines Nein.

Lautet das Item „Wie oft waren Sie in den letzten Jahren in einen Konflikt am Arbeitsplatz verwickelt?" mit den Antworten von „nie ... ständig", ist eine Reformulierung nicht notwendig.

Lautet das Item „Wie stark eskaliert war der letzte Konflikt am Arbeitsplatz, in den Sie verwickelt waren?", ist eine Reformulierung mit „länger andauernd" außerordentlich problematisch und führt zu einem sehr komplexen Item, das nicht für alle BefragungsteilnehmerInnen sinnvoll beantwortbar ist.

Die inhaltliche Prüfung der Items sollte mit einem Check der Passung zwischen Item- und Antwortformat schließen. Die mangelnde Passung zwischen Frage und Antwortoptionen stellt eine häufige Fehlerquelle für schlechte Items dar.

Abschließend sollte sorgfältig die Eindimensionalität der Items geprüft werden und festgestellt werden, ob das Item von allen Personen der Zielpopulation in allen relevanten Situationen beantwortbar ist. Die inhaltliche Prüfung schließt mit der Frage, ob innerhalb eines Subtests „enger verwandte" Itemgruppen vorliegen. Liegen solche Gruppen vor, sollten sie möglichst dieselbe Anzahl von Items umfassen (diese können dann für Parallelformen herangezogen werden). Die Streichung von Items aus Gruppen sehr ähnlicher Items erlaubt auch Kürzungen oder die Entwicklung von Kurzformen und Versionen zum Einsatz in Screenings.

4.1.2 Formale Prüfung der Subtests

Teilgruppen (oder Paare) von Items können erhöhte Korrelationen auch aufgrund von formalen Ähnlichkeiten aufweisen. Im Messmodell der Subtests schlägt sich dies dann in Unterstrukturen (z. B. korrelierten Messfehlern) nieder.

Die grammatikalische Prüfung der Items überlappt sich in vielen Fällen mit der inhaltlichen Prüfung und der Prüfung auf Eindimensionalität. Anfällig für Fehler sind insbesondere die Fragebogen, deren Items aus unvollständigen Sätzen bestehen und die gemeinsam mit einer Kopfzeile sowie den Antworten eine sinnvolle Aussage ergeben sollen. Aber auch grammatikalische Merkmale sollten innerhalb eines Subtests hinreichend Ähnlichkeit aufweisen. Dies betrifft die schon wiederholt problematisierte Negation, aber auch Unterschiede zwischen einfachen Items, die nur aus einem kurzen Satz bestehen, und komplexen Items mit einer geschachtelten Satzstruktur. Auch Formulierungen in der Ich-Form und Formulierungen mit neutralem Subjekt oder passive Satzkonstruktionen sollten innerhalb eines Subtests möglichst nicht „gemischt" werden.

Die Prüfung des Begriffsniveaus ist ein weiterer Schritt, der ebenfalls eng mit der inhaltlichen Prüfung verwoben ist. Insbesondere ExpertInnen tendieren dazu, Items eng orientiert am wissenschaftlichen Sprachgebrauch zu formulieren. Dies kann zu unverständlichen oder missverständlichen Items führen. Uneinheitlichkeiten im Begriffsniveau eines Subtests führen zu „inkonsistenten" Antworten.

Das Layout der Items (Design) ist ebenfalls eine wichtige Prüfungseinheit. Durch die Formatierung muss deutlich sein, dass Itemtext und Antwort zusammengehören. Mit anderen Worten: Bei einer fortlaufenden Vorgabe der Items auf Papier ist der Zeilenabstand zwischen Items größer zu wählen als zwischen Itemtext und Antwortskala. Die Zugehörigkeit von Itemtext und Antwort ist auch dort kenntlich zu machen, wo die Antwort nicht unter dem Item steht (z. B. bei Ja/Nein-Antwortskalen).

Über die Items hinweg sollten keine unnötigen Varianzquellen durch grafische Elemente und Auszeichnungen oder Hervorhebungen wie Fettdruck oder grau/farblich unterlegte Items aufgenommen werden. Auch das beliebte graue Unterlegen verletzt die Annahme der Äquivalenz der Items und kann zu einer „Verzerrung" der Antworten führen.

Prüfungen zum Design betreffen wesentlich auch die Lesbarkeit. Itemtexte mit einer Schriftgröße unter 12 Punkt sind für ältere Personen ohne Sehhilfe oft nicht mehr lesbar. Liegt ein Einsatzschwerpunkt im Bereich älterer oder sehbeeinträchtigter Personen, sind Schriftgrößen oberhalb von 12 Punkt zu wählen und die Items sind entsprechend kurz zu formulieren. Ist der Antwortmodus einführend erklärt worden, kann dieser insgesamt etwas kleiner gesetzt werden als der Itemtext (z. B. 10 Punkt).

Insbesondere bei numerisch und verbal verankerten Antwortskalen ist darauf zu achten, dass keine optischen Verzerrungen bei der Antwortskala auftreten. Die Skalierung von Urteilsskalen vom Likert-Typ (z. B. 7-stufig, verbal und numerisch verankert) wird von Edwards (1957) mit Bezug auf das Konzept der „gleich erscheinenden Intervalle" behandelt. Dementsprechend sollten bei der Antwortskala die grafischen Abstufungen gleich große Abstände umfassen, die zahlenmäßige Verankerung sollte in gleichen Abständen vorliegen und die verbale Verankerung in gleichen Abständen zentriert sein.

Geht man davon aus, dass Items gut lesbar sein sollen, spricht die Lesbarkeitsforschung im Hinblick auf einen Fließtext für eine Schriftart mit Serifen (z. B. Times New Roman). Bei den Antwortformaten wird oft die tabellenorientierte Schrift „Arial" verwendet.

Items können in einem Fragebogen in Papier-Bleistift-Form oder auch am Bildschirm oder im Rahmen des ambulanten Monitorings über Netbooks oder Pocket-PCs vorgegeben werden. Webbasierte Befragungen erfreuen sich zunehmender Beliebtheit und moderne firmeninterne Kommunikationsnetzwerke erlauben Befragungen im Intranet. Einschränkungen der Gestaltung der Itemvorgabe ergeben sich insbesondere bei der Bildschirmvorgabe von Items (z. T. durch Software-Limitierungen). Auch bei Papier-Bleistift-Vorgaben ergeben sich immer wieder Argumente, die den Gestaltungsspielraum der Fragebogenform einschränken. Dies sind insbesondere Argumente zur Länge („nicht mehr als 4 Seiten", „nicht zu dick"), zum Gewicht („so dass kein Sonderporto anfällt") oder zum Seitenformat („sollte in eine Handtasche passen"). Dadurch sind bei der grafischen Gestaltung und Anordnung der Items oft Kompromisse notwendig. Eine potenzielle Vorgabe des Fragebogens über elektronische Medien oder internetgestützte Befragungen sollte bei der Fragebogenentwicklung bereits explizit berücksichtigt werden.

Die Vorgabe anhand fortlaufender Items mit darunter angeordneten Antwortskalen erlaubt eine hohe Lesbarkeit und ein zügiges Bearbeiten (Box 21). Der Nachteil liegt im Anwachsen der Seitenzahl und bei der Papier-Bleistift-Version sind höhere Kopierkosten zu bedenken. Das Vorgabeformat sollte jedoch bereits bei den ersten Entwicklungsschritten optimiert werden, da auch eine Änderung des Formats die Qualität der Ergebnisse beeinträchtigen kann. Bereits doppelseitiges Kopieren kann bei der Bearbeitung „störend" sein. Tabellarisch vorgegebene Items sind meist sehr Platz sparend. Komplexere Vorgaben in Tabellenform mit den Antworten rechts über/neben den Items führen zu eher unübersichtlichen Fragebogen. Verbale und numerische Kodierungen sind bei tabellarischer Gestaltung kaum in lesbarer Form unterzubringen. Zudem werden die Items oft typografisch zu klein und der Bezug zwischen Items und Antwortskala kann beeinträchtigt sein. Personen mit geringer Bearbeitungsmotivation (Studierende, StudienteilnehmerInnen) neigen insbesondere bei tabellarischer Vorgabe zum Antwortset „Mustermalen". Im Extremfall „verlieren" Personen beim Bearbeiten optisch eine Zeile. Dies durch graues Unterlegen („Streifenmuster") zu kompensieren, kann die Antworten beeinflussen und die psychometrische Qualität beeinträchtigen. Bewährt haben sich eher optische „Blöcke" (z. B. aus 5 oder 7 Items).

Ein Beispiel für die formale Einheit von Item und Antwortskala zeigt Box 21. Wenn die Items wie im Beispiel nacheinander mit Antwort gelistet werden, lassen sich pro A4-Seite etwa 11 bis 13 Items unterbringen. Vorteil dieser Gestaltung ist eine hohe Übersichtlichkeit und eine Form, die die relative Unabhängigkeit der Items unterstützt und eine gute Lesbarkeit sichert.

Box 21: Beispiel formaler Einheit von Item und Antwortskala aus dem EBF

In den letzten (7) Tagen/Nächten ...

01) ... habe ich ferngesehen.

0	1	2	3	4	5	6
nie	selten	manchmal	mehrmals	oft	sehr oft	immerzu

02) ... habe ich gelacht.

0	1	2	3	4	5	6
nie	selten	manchmal	mehrmals	oft	sehr oft	immerzu

03) ... war ich missgestimmt.

0	1	2	3	4	5	6
nie	selten	manchmal	mehrmals	oft	sehr oft	immerzu

4.1.3 Erstellung der Erstfassung

Bei der Entwicklung von Fragebogen ist anders als bei Leistungstests, wo Items oft nach der Schwierigkeit geordnet vorgegeben werden, eine Zufallsreihung der Items vorzunehmen. Mit diesem Vorgehen lassen sich systematische Messfehler vermeiden (z. B. durch Ermüdung oder Veränderungen in der Motivation). Gleichzeitig reduzieren sich die Tendenz zur konsistenten Selbstbeschreibung bei den Befragten oder ähnliche Tendenzen zur wechselseitigen Abhängigkeit der Antworten zwischen Itempaaren oder Itemgruppen. Die Itemreihung nach Zufallszahlen hat sich insofern nicht bewährt, als hierbei eine hohe Grundwahrscheinlichkeit besteht, dass Items aus demselben Subtest unmittelbar oder knapp aufeinander folgen können und somit das Problem der positionsinduzierten Abhängigkeit von Items durch eine Reihung nach Zufallszahlen nicht ausgeschlossen werden kann. Daher sollte ein stratifiziertes Zufallsverfahren für die Festlegung der Itemreihenfolge gewählt werden.

Für die Erstellung von Fragebogen hat sich das folgende **standardisierte Verfahren** bewährt:
1. Die vorläufigen Subtests werden per Zufall gereiht.
2. Aus jedem Subtest wird nacheinander ein Item zufällig gezogen und in der Reihenfolge der Ziehung für die Erstfassung des Fragebogens festgelegt.

Zusammenstellung von Subtests 81

3. Nach dieser Ziehung wird die Reihenfolge der vorläufigen Subtests per Zufall neu geordnet.
4. Danach folgt nacheinander wieder die Ziehung der nächsten Items, die wiederum in der Reihenfolge der Ziehung in den Fragebogen übernommen werden
5. Anschließend folgt die erneute Zufallsreihung der vorläufigen Subtests und die Reihung der Items, bis alle Items in den Fragebogen übernommen worden sind.

Technisch hat sich folgendes **Vorgehen** bewährt:
Zunächst ist jedes Item auf einen Zettel oder ein Kärtchen zu schreiben. Diese Kärtchen werden nach Subtests sortiert. Pro Subtest ist jeweils ein kleiner Behälter bereitzustellen, der als „Urne" die Items des Subtests enthält. Diese Urnen werden mit den Subtestbezeichnungen (oder einem zugeordneten Buchstaben) beschriftet. Zusätzlich ist ein Extra-Subtest-Behälter vorzusehen, in dem alle Subtestbezeichnungen (ggf. auch nur die zugeordneten Buchstaben) als Kärtchen oder Zettel abgelegt sind.

Die „Item-Urnen" werden durch Losung aus dem Extra-Subtest-Behälter in eine Zufallsreihenfolge gebracht. Die Zettel für die Subtests werden später wieder für die nächste Zufallsreihung zurückgelegt.

Für die Ziehung der Items wird aus den aufgereihten Item-Urnen je ein Item zufällig gezogen, beginnend mit der ersten Urne. Jedes gezogene Item wird unmittelbar mit einer fortlaufenden Nummer für die Reihung im Fragebogen versehen. Nachdem aus jeder Urne das erste Item gezogen ist, wird die Reihenfolge der Urnen neu gelost, indem die Subtests aus dem Extrabehälter erneut zufällig gezogen und die Urnen neu geordnet werden.

Im zweiten Durchgang werden – wieder beginnend mit der ersten (neuen) Urne – die nächsten (zweiten) Items pro Subtest gezogen und fortlaufend nummeriert, bis alle zweiten Items für alle Subtests bestimmt sind. Danach werden die Subtests aus dem Extrabehälter wieder zufällig neu gereiht und die Behälter entsprechend für die Ziehung der Items aufgestellt. Sind die Items einer Urne alle gezogen, kann sie entfernt werden und das entsprechend Kärtchen wird bei der Ziehung der Subtestreihenfolge nicht mehr berücksichtigt. Dieses Prozedere wird so lange fortgesetzt, bis alle Items in den Fragebogen aufgenommen sind.

Für die Zusammenstellung von Items zu einem Fragebogen ist eine identische Anzahl von Items pro Subtest optimal. Bei extrem unterschiedlichen Itemzahlen sollte ein „langer" Subtest in zwei Urnen aufgeteilt werden.

Mit diesem standardisierten Verfahren lässt sich eine zufällige Itemabfolge erstellen, die das Problem der Aufeinanderfolge von Items mit ähnlicher Semantik minimiert. Aufeinanderfolgende Items mit ähnlicher Semantik führen zu systematischen Abhängigkeiten der Antworten und damit zu abhängigen „Messfehlern" der Items (was der Grundannahme der Klassischen Testtheorie widerspricht), da sich die Antworten wechselseitig beeinflussen.

Fragebogen, die nach diesem Modell entwickelt wurden, sind der Erholungs-Belastungs-Fragebogen (EBF; Kallus, 1995) und die Varianten RESTQ-Sport (Kellmann & Kallus, 2000) und EBF-Work (Kallus & Jiménez, 2010), der Teamqualitätsfragebogen (TQF; Kallus & Brandt, 2006), der IKEAr (Kolodej, Voutsinas, Jiménez & Kallus, 2005) und der TEMA (Kolodej, Essler & Kallus, 2010).

4.1.4 Deckblatt, Instruktionen und Studieninformationen

Nach der Festlegung der Itemabfolge lässt sich die Rohfassung des Fragebogens erstellen. In der Regel sollte zusätzlich eine einführende Instruktion formuliert und ein Deckblatt entwickelt werden. Darüber hinaus sind Entscheidungen über das Vorgabeformat zu treffen.

Ein Beispiel für ein entsprechendes Deckblatt mit Instruktionen, das in ähnlicher Form bei fast allen psychometrischen Fragebogen anwendbar ist, stellt Box 22 dar. Der Kopf des Deckblatts enthält wichtige Angaben zur Durchführungszeit und zur Personengruppe. In der Regel wird statt des Namens nur ein Code verwendet. Bei Messwiederholungsstudien (z. B. zur Prüfung der Testwiederholungszuverlässigkeit) wird empfohlen, den Code nach einem individuell rekonstruierbaren Schema zu vergeben (z. B. Geburtsjahr der Mutter, PKW-Ortskennzeichen der Stadt der Einschulung, Initialen des besten Freundes). Wichtig ist, dass der Code durch Dritte nicht entschlüsselt werden kann.

Durch die Vorgabe eines Itembeispiels wird der Frage-Antwort-Modus erklärt. In gleicher Weise wird die für alle Items vergleichbare Bezugssituation oder der Bezugszeitraum mit der Instruktion zur Bearbeitung vorgegeben und erklärt. Bei längeren und komplexen Erklärungen zum Fragebogen ist sicherzustellen, dass die Projektleitung für Rückfragen erreichbar ist. In der Fußzeile sollten Copyright, Erscheinungsjahr, AutorInnen und Ort der Publikation vermerkt sein.

Zudem sollte bei jeder Befragung ergänzend zum Fragebogen eine Studieninformation (und ggf. eine Bestätigung der freiwilligen, informierten Teilnahme, *informed consent*) erfolgen. Ein Beispiel für eine Studieninformation ist in Box 23 wiedergegeben. Im Hinblick auf die allgemeinen Informationen zu Studien sind die berufsethischen Richtlinien der Psychologie und ggf. zusätzliche Richtlinien je nach Durchführungsrahmen zu beachten und einzuhalten. Insbesondere ist zu gewährleisten, dass die Informationen korrekt, verständlich und vollständig sind. Alle TeilnehmerInnen sind über ihre Rechte aufzuklären, dass die Datenerhebung jederzeit ohne Nachteile für die Person beendet oder abgebrochen werden kann. Der Hinweis, dass im Zweifelsfall eine Frage auch unbeantwortet bleiben darf, kann bei „kritischen" Themen ebenfalls angemessen sein. In vielen Fällen ist es lohnend, eine kurze Information zum Aufbau der Fragebogen zu geben.

Box 22: Einführende Instruktion des EBF – 24 – A/7

Name: _____ Vorname: _____ Code: _____

Alter: _____ Beruf: _____ Geschlecht: _____

Datum: _____ Uhrzeit: _____

EBF – 24 – A/7

Sie finden in diesem Fragebogen eine Reihe von Feststellungen, die sich auf Ihr körperliches und seelisches Befinden oder Ihre Aktivitäten *in den letzten (7) Tagen und Nächten* beziehen.

Geben Sie bitte zu jeder Feststellung an, wie oft die genannte Aussage in den letzten (7) Tagen und Nächten für Sie zutraf.

Zu jeder Frage sind sieben Antwortmöglichkeiten vorgegeben. Durchkreuzen Sie bitte immer diejenige Zahl, die Ihrer Antwort entspricht.

Beispiel:

In den letzten (7) Tagen/Nächten ...

... habe ich Zeitung gelesen.

0	1	2	3	4	5	6
nie	selten	manchmal	mehrmals	oft	sehr oft	immerzu

Wenn die „4" (= oft) durchgekreuzt ist, bedeutet dies, dass Sie in den letzten (7) Tagen (oder Nächten) oft Zeitung gelesen haben.

Lassen Sie bitte keine Frage unbeantwortet.

Wählen Sie in Zweifelsfällen bitte diejenige Antwort, die am ehesten zutrifft. Beziehen Sie Ihre Antwort auf den Zeitraum, der ungefähr die letzten sieben Tage und Nächte umfasst.

Blättern Sie bitte um und bearbeiten Sie die Fragen der Reihe nach ohne längere Unterbrechung.

© 1995 K.W. Kallus, Universität Würzburg

Box 23: Beispiel einer Studieninformation

Sehr geehrte Mitarbeiterin, sehr geehrter Mitarbeiter!
Ausgehend vom XY-Programm findet derzeit ein Projekt zur Burnout-Prävention statt. Innerhalb dieses Projektes wird eine Studie in Zusammenarbeit mit der Karl-Franzens-Universität Graz/Österreich (Abteilung für Arbeits-, Organisations- und Umweltpsychologie) durchgeführt.
Das Ziel der Untersuchung soll es sein, praktische Maßnahmen für den Einzelnen und die Organisation abzuleiten, um das Auftreten von „Burnout" verhindern zu können. Es sollen wichtige Aspekte erhoben werden, die zur Erholungsoptimierung und Belastungsverringerung beitragen und somit der Entwicklung von „Burnout" vorbeugen können.
Dazu wird erhoben, wie Selbstmanagement und Aspekte von „Burnout", wie geringe Erholung, übermäßige Beanspruchung und Formen der Stressverarbeitung zusammenhängen.
Aus diesem Grund möchte ich Sie um die Bearbeitung des beiliegenden Fragebogens bitten, der etwa 20 Minuten Ihrer Zeit in Anspruch nimmt. Ihre Teilnahme an der Untersuchung erfolgt selbstverständlich **freiwillig**.
Die Fragebögen werden absolut **vertraulich** und **anonym** behandelt (es werden keine Daten von Ihnen an dritte Personen weitergegeben). Die Angaben werden mit dem Computer ausgewertet und scheinen ausschließlich in Form von **aggregierten Gruppenstatistiken** auf. Wenn Sie eine Rückmeldung über Ihre individuellen Ergebnisse wünschen, nehmen Sie bitte per E-Mail (xxx@yyy) mit uns Kontakt auf.

Zu diesem Zweck vergeben Sie bitte einen persönlichen 6-stelligen Code nach unten beschriebenen Regeln.
Regeln zur Code-Vergabe:
☐ Erster Buchstabe des Mädchennamens Ihrer Mutter
☐ Letzter Buchstabe des Mädchennamens Ihrer Mutter
☐ Geburtstag Ihrer Mutter (zweistellig, z. B. 04)
☐ Geburtsmonat Ihrer Mutter (zweistellig, z. B. Februar = 02)

CODE: |___||___||___||___||___||___|

Von XY (Datenschutzbeauftragter) wurde die datenschutzrechtliche Unbedenklichkeit offiziell bestätigt.

Senden Sie bitte den **Fragebogen nach dem Ausfüllen verschlossen ohne Absender per Hauspost (Max Musterfrau, XXX, YYY)** zurück.

Vielen Dank für Ihre Bereitschaft, an der Studie teilzunehmen.

Max Musterfrau

Beachten Sie bitte die folgenden Punkte:
☐ Füllen Sie den Fragebogen bitte **alleine** aus.
☐ Bitte bearbeiten Sie den Fragebogen **vollständig bis zum Ende**.
☐ Lesen Sie bitte die kurzen Einweisungen zwischen den Fragebogenteilen aufmerksam durch.

Bitte blättern Sie um und beginnen Sie mit der Beantwortung des Fragebogens.

4.2 Pretest und erste Itemselektion

Der vorläufige Prototyp des Fragebogens ist zunächst von Personen einer möglichen Zielgruppe auf Verständlichkeit zu prüfen. Neben Zielpersonen können auch ExpertInnen aus dem Anwendungsfeld in die qualitative Prüfung einbezogen werden. Die Zielpersonen und/oder ExpertInnen können in der Regel recht gut bewerten, ob Items verständlich und für den zu erfassenden Merkmalsbereich relevant sind. Der qualitativen Prüfung ist eine hohe Priorität einzuräumen. Erst nach der qualitativen Prüfung des Fragebogens durch Personen der Zielpopulation und ggf. der EntscheidungsträgerInnen des Projekts sollte die Erstfassung des Fragebogens erstellt werden und ggf. ein Pretest zur testtheoretischen Güte des Verfahrens vorgenommen werden.

4.2.1 Testdurchlauf zur Beantwortung durch Zielpersonen

Die Zielpersonen sollten entweder im Gespräch oder durch Fragen am Ende des Fragebogens ermuntert werden, persönliche Kommentare zu den Items abzugeben. Zudem ist mit der Vorgabe des Fragebogens darauf hinzuweisen, dass schwer verständliche oder aus Sicht der bearbeitenden Person unangemessene Fragen einfach unbearbeitet bleiben sollen. Auf diese Weise kann das Fragebogenentwicklungs-Team kritische Items an den Kommentaren oder der überproportionalen Anzahl fehlender Werte *(missings)* leicht identifizieren. Bei Befragungen, die auch in Organisationen und Unternehmen eingesetzt werden, sollte die qualitative Prüfung der Items vor dem Pretest sowohl die Akzeptanz durch die Mitglieder der Organisation (MitarbeiterInnenvertretung) als auch die Akzeptanz von Antidiskriminierungsstellen (Gleichbehandlungsbeauftragte) einbeziehen. Spätestens im Pretest ist die Akzeptanz mit den Datenschutzbeauftragten abzustimmen.

Für diese letztgenannten Diskussionen hat es sich bewährt, einige Argumente für Fragen mit geringer Augenscheinvalidität und umgekehrt einige Argumente gegen die ausschließliche Verwendung von Items mit hoher Augenscheinvalidität vorzubereiten. Hierbei lohnt es sich, die Bedeutung der Subtestwerte zu vermitteln. Der psychometrische Fragebogen geht in seiner Messwertinterpretation deutlich über die Itemoberfläche hinaus. Die unterschiedlichen Sprachverständnisse und Besonderheiten, die als Messfehler die Antwort auf ein einzelnes Item beeinflussen, werden durch die Subtestwerte auf die gemeinsame sprachliche Basis der Items eines Subtests zurückgeführt. Dadurch ist die Messung eines Fragebogens der Messung durch „Bogen mit Fragen" qualitativ deutlich überlegen. Diese Überlegenheit erlaubt eine für Interventionen relevante Diagnostik, die Ergebnisse sind mehr als nur ein „Stimmungsbarometer".

4.2.2 Pretest

Bei Fragebogen nach der Klassischen Testtheorie empfiehlt es sich, mindestens 6 Items pro Subtest in den Pretest einzubeziehen. Auch bei probabilistischen Testkonstruktionen sollte ein hinreichender Itempool – mindestens +25% gegenüber der Endform – eingesetzt werden. Je nach Umfang und Bedeutung der statistischen Analysen zur Fragebogenkonstruktion kann die Stichprobe für den Pretest zwischen 50 und 80 Personen umfassen. Erfahrungsgemäß werden sehr grobe statistische Schwächen auch schon bei Stichprobenumfängen von ca. 25 Personen deutlich. Hier ist aber immer eine bivariate Inspektion der Verteilungen vorzunehmen (z. B. Scatterdiagramme der Korrelationen anschauen). Auch ein Pretest sollte den Regeln für eine MitarbeiterInnenbefragung, der Regel für Good Clinical Practice, den Regeln zum Umgang mit personenbezogenen Daten und den ethischen Grundprinzipien psychologischer Studien folgen, wie sie in den APA-Richtlinien oder den ethischen Standards für psychologisch Handelnde des Berufsverbands formuliert sind.

Von besonderer Bedeutung ist die individuelle Beantwortung der Fragen. Es ist sicherzustellen, dass die Fragen individuell und ohne Unterstützung Dritter beantwortet werden. Für die Antwortenden ist zu verdeutlichen, dass der Schutz der Informationen, die von den TeilnehmerInnen gegeben werden, auch für das Untersuchungsteam von zentraler Bedeutung ist. Wo immer möglich, sollte neben dem obligatorischen Informationsblatt (ggf. mit Bestätigung als informierte Einverständniserklärung zur Befragungsteilnahme) eine persönliche Information durch das Untersuchungs-/Projektteam stattfinden (z. B. Betriebsversammlungen, Teambesprechungen, Besprechung mit den Führungskräften und MitarbeiterInnenvertretungen), mindestens aber eine Ansprechperson explizit benannt sein. Die Untersuchungs-/Projektleitung hat Sorge dafür zu tragen, dass ausgefüllte Fragebogen grundsätzlich nur in verschlossenen und an die Befragungsleitung adressierten Umschlägen weitergegeben werden, sofern sie nicht direkt von der Untersuchungsleitung eingesammelt und als sichere Daten weiterbearbeitet werden.

Ein Zeitfenster von 7–10 Tagen ist in aller Regel die kürzest mögliche Variante zur Befragung eines hinreichend großen, repräsentativen Anteils der Zielpopulation. Optionen zur Erhöhung der Rücklaufquote sind neben Anreizsystemen vor allem die persönliche Information der Zielpersonen oder von Vorgesetzten/Autoritätspersonen etc. und die Überzeugung der Zielpersonen, dass die Beantwortung der Fragen sinnvoll ist. Dabei zahlt sich oft schon beim Pretest der Aufwand bei der Formulierung der Fragen aus: Denn wer dumm fragt, findet auch keine Antworten – z. B. weil extreme Fragen, der halbe oder der gesamte Fragebogen nicht beantwortet werden.

Ein aussagekräftiges Informationsblatt zur Erhebung trägt ebenso zu einer Erhöhung der Rücklaufquote bei wie eine positive Überzeugung zur Relevanz der erfassten Merkmale von Schlüsselpersonen in Organisationen oder in Betrieben. Nur mäßig erfolgreich zeigen sich Appelle an die TeilnehmerInnen zur Unterstützung der Wissenschaft, der Studierenden, des XY-Wesens oder Ähnliches. Günstig dagegen ist eine neutrale Information zur Bedeutung des Konzepts für die Antwortenden selbst. Eine Metapher hierfür ist die Fragenbeantwortung als „Blick in den Spiegel".

Zusammenfassend gilt es, bereits beim Pretest die Sicherung der standardisierten Datenerhebung umzusetzen. Im Zuge der Datenerhebung sind die jeweils gültigen datenschutzrechtlichen Bestimmungen und die Regeln zur Durchführung von (MitarbeiterInnen-)Befragungen sowie ggf. ISO 33034 und die etablierten Standards zur Vorgabe von Fragebogen einzuhalten.

Insbesondere bei Erhebungen unter schwer kontrollierbaren Bedingungen muss sichergestellt werden, dass die Items von der jeweiligen Person selbst und unbeeinflusst von anderen Personen bearbeitet werden. In der Regel sollten auch keine Unterbrechungen stattfinden. Bei elektronischer Vorgabe der Items ist auf die formale Äquivalenz mit dem Originalfragebogen zu achten.

4.2.3 Überprüfung von Subtests durch Itemanalyse

Die Itemanalyse stellt den Kern der Klassischen Testtheorie dar (zur Einführung vgl. Bühner, 2004; Krauth, 1995; Moosbrugger & Müller, 1982). Sie erlaubt zu entscheiden, ob der Summenwert (Mittelwert) eines Subtests als ein sinnvoller Messwert für die jeweilige Facette des Merkmals betrachtet werden kann. Gleichzeitig liefert sie eine Schätzung der Güte des Subtestwerts durch eine Schätzung der Messgenauigkeit (Reliabilität) des Subtestwertes. Zudem werden Kennwerte für die Güte der Items und den Beitrag der Items zum Subtestwert (Trennschärfekoeffizient) angegeben. Die Überprüfung der Subtests durch Itemanalysen (z. B. mit der Prozedur „Reliability" in SPSS) wird von vielen AutorInnen kombiniert mit der faktorenanalytischen Suche nach Merkmalsfacetten. Beim schematischen Einsatz von Software-Programmen wird dabei leicht übersehen, dass eine ganze Reihe von alternativen Ansätzen vorliegt und die Optimierung der Homogenität nur eine von vielen Methoden darstellt. In vielen Fällen wird zudem das Problem der Kapitalisierung von Messfehlern durch wiederholte Analysen desselben Datensatzes nicht berücksichtigt. Auch Zufallsdaten enthalten „irgendwo" systematische Muster, aus denen sich durch wiederholte statistische Analysen „sinnvolle" Subtests (scheinbar) ableiten lassen.

Die klassische Itemanalyse bestimmt neben den deskriptiven Itemkennwerten (Mittelwert, Varianz) standardmäßig die Iteminterkorrelation, die Korrelation der Items mit dem Gesamtwert (Trennschärfe) – in der Regel „part-whole-korrigiert", d. h., das Item wird nicht mit dem Summenwert, sondern mit dem Summenwert aller anderen Items korreliert – sowie die interne Konsistenz über die α-Formel von Cronbach.

Korrelationen bei kleinen Stichproben sind extrem fehleranfällig – ein Ausreißer verzerrt die Werte völlig – und sollten nur dann berechnet werden, wenn n > 50 ist. Ist die Stichprobe nicht hinreichend groß, sind visuelle Inspektionen der bivariaten Verteilungen unerlässlich.

Über die Itemanalyse wird zunächst überprüft, ob ein Item eine hinreichende Varianz aufweist. Wenn ein Item keine hinreichende Varianz bei der Zielpopulation aufweist, ist die Trennschärfe zwingend niedrig.

Bei Ja/Nein-Items ist die Varianz $s^2 = p * (1-p)$ direkt von der Itemschwierigkeit p (d. h. dem Mittelwert) abhängig. Aus diesem Grund hat sich der Begriff des Trennschärfe-Schwierigkeits-Dilemmas eingebürgert. Dahinter versteckt sich die eher einfache Situation, dass bei unzureichender Varianz auch die Kovarianz eingeschränkt ist. Items mit niedrigen Trennschärfen werden oft ohne weitere Analyse eliminiert, um den Homogenitätskennwert (Cronbachs α) zu erhöhen. Dies ist in vielen Fällen sinnvoll, da Items mit niedriger Trennschärfe nicht zur Gruppe der übrigen Items passen. Zudem ist Cronbachs α ein Schätzwert der Reliabilität, d. h., ein hohes α spricht für eine präzise Abbildung der Merkmalsfacette (Cronbachs α für den Subtest kann als Testhalbierungszuverlässigkeit aller möglichen Testhalbierungen des Subtests betrachtet werden). Ist eine niedrige Trennschärfe nicht durch die eingeschränkte Varianz bedingt, stellt sich die Frage, ob das Item möglicherweise mit einer anderen Merkmalsfacette (indirekt) sehr deutlich einhergeht. In diesem Fall werden für solche Items die sog. Fremdtrennschärfen berechnet, d. h. die Korrelationen mit den Summenwerten der übrigen Subtests (natürlich unkorrigiert). Dieses Vorgehen kann zu einer Verbesserung eines anderen Subtests u. U. wesentlich beitragen.

Eine weitere Ursache geringer Trennschärfen kann die faktorielle Inhomogenität des Subtests darstellen, d. h., die Items des Subtests ergeben keine eindimensionale Abbildung einer einzelnen Merkmalsfacette. Auf diesen Fall weisen Itemanalysen hin, die bei mehreren Items eine unzureichende Trennschärfe aufweisen. Die Überprüfung der faktoriellen Homogenität eines Subtests erfolgt mittels Faktorenanalyse der Items des Subtests und/oder anhand der inhaltlichen Interpretation der Iteminhalte im Hinblick auf das zu erfassende Merkmal. Anschließend ist zu entscheiden, ob mehr als ein Faktor im Sinne des Merkmals vorliegt und ob der Subtest gespalten oder gekürzt werden sollte. Bei einer „Spaltung" des Subtests wird die Merkmalsfacette in Teilbereiche zerlegt oder es wird auch eine „vergessene" Facette ergänzt.

Schließlich kann aus inhaltlichen Erwägungen bzw. zur Erhöhung der Validität ein sehr homogener Subtest nicht wünschenswert sein. Die Gulliksen-Technik (s. u.) erlaubt, Homogenität und Validität abgestimmt zu erhöhen, um dem Reliabilitäts-Validitäts-Dilemma zu entgehen.

Die Itemkennwerte bezogen auf den Gesamtwert werden zwar von einigen Statistikprogrammen routinemäßig ausgegeben, sollten aber bei der Itemauswahl von mehrdimensionalen Fragebogen nicht und bei hoch korrelierten Subtests auf alle Fälle eher als zweitrangig betrachtet werden. Für die Itemselektion sollten ausschließlich die Kennwerte für die Subtests herangezogen werden. Die Itemselektion lässt sich bei Bedarf durch die Korrelation der Items des Subtests mit den übrigen Subtestwerten (Fremdtrennschärfen) ergänzen. Trennschärfekennwerte für den Gesamttest sind nur dort sinnvoll einzubeziehen, wo für den Fragebogen auch wirklich die Bildung eines Gesamtwertes angestrebt wird.

4.2.4 Itemselektion

Für die Itemselektion sollte konkret eine Reihe von Richtwerten betrachtet werden. Dabei werden Itemvarianz und Itemtrennschärfe mit besonderem Schwerpunkt bedacht. Der Mittelwert von Items auf einer mehrstufigen Antwortskala ist nur in Sonderfällen relevant (z. B. bei Screening-Fragebogen, die mit einem Minimum an Fragen operieren). Koeffizienten für die Güte, nach der Personen beim Antworten die Antwortskala bei jedem Item in der „vollen Breite" ausnutzen, sind vor allem dort wenig aussagekräftig, wo gezielt das Verhaltensspektrum des Merkmalsbereichs durch unterschiedlich schwierige Fragen abgedeckt wurde. Im Normalfall sollten bei mehrstufigen Antwortformaten Varianz, Schiefe und Exzess betrachtet werden. Ergänzend sind die Iteminterkorrelationen und die Itemvalidität zu prüfen. Die Trennschärfe wird als Korrelation der Items mit der Summe der übrigen Items des Subtests berechnet. Bei Verwendung des Subtestmittelwerts (oder der Subtestsumme) ist die Korrelation des Items mit dem Skalenwert überhöht, da das Item einen Teil der Summe/des Mittelwerts darstellt. Daher wird die Berechnungsformel auch als part-whole-korrigierte Korrelation bzw. Trennschärfe bezeichnet. Items mit hoher Trennschärfe tragen wesentlich zur Varianz des Subtests bei. Items mit eher niedriger Trennschärfe tragen entweder neue Facetten in den Subtest, weisen eine ungünstige Verteilung und zu wenig Varianz auf oder zeigen eine hohe Fehlervarianz.

Besitzt ein Subtest nur Items mit sehr hohen Trennschärfen, könnte das auch ein Hinweis auf eine zu hohe Homogenität sein, mit anderen Worten: Die Items fragen immer wieder dasselbe Merkmal ab. In diesen Fällen können Items mit hoher Trennschärfe, die anderen Items (auch in den Korrelationen zu anderen Items) sehr ähnlich sind, für einen Ausschluss in Betracht gezogen werden.

Das Ablaufschema für die Itemselektion in Abbildung 3 führt in der Regel zu Subtests mit hinreichender Reliabilität und meist auch guten Validitäten. Dabei ist zu beachten, dass Trennschärfekoeffizienten Korrelationen abbilden und dass erst mit dem Quadrat ein Bild von der gemeinsamen Varianz entsteht.

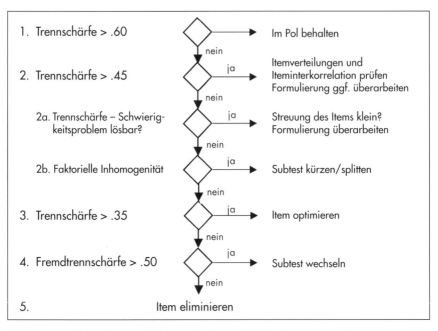

Abbildung 3: Schema der Itemselektion nach dem Modell der Klassischen Testtheorie

Als weitere Kriterien für die Itemselektion lassen sich die Iteminterkorrelationen und Itemvaliditäten heranziehen. Sofern Messwiederholungsdaten vorliegen, können zusätzlich die Itemreliabilitäten herangezogen werden. Das häufigste Problem bei „inhaltlich passenden" Items mit schlechten Kennwerten stellen mehrdeutige Formulierungen oder extrem schiefe Verteilungen mit eingeschränkter Varianz dar, d. h., solche Items haben für die Antwortverteilung extreme Kennwerte für Varianz, Schiefe oder Exzess. In vielen Fällen lässt sich ein verteilungsschwaches Item durch eine Überarbeitung optimieren; ist dies nicht möglich, sollte das Item eliminiert werden. Für Items mit guten Verteilungskennwerten, aber niedrigen Trennschärfen sollte geprüft werden, ob das Item hohe Fremdtrennschärfen ($\geq .50$) aufweist. In diesem Fall kann das Item bei inhaltlicher Passung in einen anderen Subtest (meist solche mit eher niedriger Homogenität, d. h. Cronbachs α unter α = .70) zur Verbesserung des Subtests einbezogen werden. Wenn keine direkte inhaltliche Passung vorliegt, ist der inhaltlich-funktionelle Bezug zu klären. Eine Verbesserung von Subtests durch Items mit Drittvariablenbezug, sog. „Suppressoritems", wird nicht empfohlen, da der Suppressoreffekt das Risiko erheblicher Stichprobenabhängigkeit aufweist. Ausnahmen können sich bei Analysen unter Einbeziehung von Itemvaliditäten ergeben. Eine einfache Methode zur Einbeziehung der Itemvalidität ist die im nächsten Abschnitt vorgestellte Gulliksen-Technik.

4.2.5 Einbeziehung von Iteminterkorrelationen, Itemvaliditäten und -reliabilitäten

Die intelligente Itemselektion geht deutlich über die schematische Betrachtung der Trennschärfekoeffizienten hinaus, wie bereits im letzten Kapitel deutlich wurde. Bei inhaltlichen Erwägungen sollten nachvollziehbare Kriterien formuliert werden und es sollte im EntwicklerInnenteam ein gemeinsames ExpertInnenurteil gefällt werden.

4.2.5.1 Iteminterkorrelationen

Iteminterkorrelationen werden innerhalb der Itemselektion oft vernachlässigt, obwohl hierbei unter Umständen ein extrem homogener Subtest, ein faktoriell inhomogener Subtest oder auch Items mit (zu) hoher Generalität deutlich hervortreten. Bei Subtests mit vielen Items kann mittels Faktorenanalyse die Interkorrelationsmatrix übersichtlich dargestellt werden. Bei wenigen Items reicht oft ein Umsortieren der Items in der Korrelationsmatrix nach der Größe der Korrelationen.

4.2.5.2 Itemvaliditäten und Itemreliabilität

Wenn neben den Trennschärfen auch Itemvaliditäten bekannt sind, lassen sich diese Itemvaliditäten in die Itemselektion simultan einbeziehen. In diesem Fall werden diejenigen Items in den Subtest übernommen, deren mit der Itemstreuung gewichtetes Trennschärfe-Validitäts-Produkt hoch ist, d. h. Items, die hohe Streuungen, hohe Trennschärfen und hohe Validitäten aufweisen, werden in die Endform übernommen. Dieses Kalkül wurde zum Beispiel verwendet, um für den Erholungs-Belastungs-Fragebogen einer hohen Validität im Hinblick auf Reaktionen unter Stress nahezukommen. Zu diesem Zweck wurden die Items mit den Blutdrucksteigerungen unter experimentell induzierter Belastung korreliert.

Grafisch lässt sich die Einbeziehung der Validitäten über ein von Gulliksen (vgl. Lienert, 1969, S. 140f.) vorgeschlagenes Verfahren umsetzen. Gulliksen empfiehlt, Itemtrennschärfen und Itemreliabilität mit der Streuung zu gewichten. Dieses Vorgehen trägt der Bedeutung der Itemstreuung Rechnung. Trägt man die mit der Streuung gewichteten Trennschärfen und Itemvaliditäten in ein Koordinatensystem ein, ergibt sich eine einfache grafische Darstellung zur Bestimmung der besten Items. Im Koordinatensystem aus Itemreliabilität und Itemvalidität lässt man eine Diagonale wie in Abbildung 4 als Schranke in Richtung Ursprung gehen. Das Verfahren stoppt, sobald eine gewünschte Zahl von Items die Schranke passiert hat. Mit Veränderung des Winkels der Schranke kann man Trennschärfen oder Validitäten unterschiedlich gewichten.

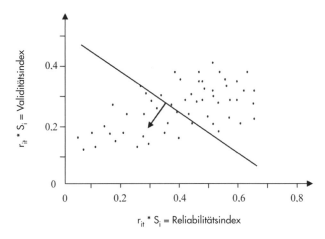

Abbildung 4: Schema zur Itemselektion in Anlehnung an die Gulliksen-Technik (Lienert, 1969, S. 140)

Ein analoges Vorgehen ist für die Einbeziehung von Itemreliabilitäten aus Messwiederholungen möglich. Hierdurch kann ein Fragebogen entwickelt werden, dessen Subtests neben der Homogenität eine hohe zeitliche Stabilität aufweisen. Itemreliabilitäten fallen in der Regel deutlich höher aus als die Itemvaliditätskoeffizienten.

4.2.5.3 Änderungssensitivität und weitere Faktoren

Fragebogen werden häufig zur Messung von Veränderungen eingesetzt. Dies kann bei Forschungsfragestellungen, bei Trainingsprozessen, in der Gesundheitsförderung, bei der Personalentwicklung und auch bei Gestaltungsmaßnahmen für Arbeit, Organisation und Umwelt der Fall sein. Eher unbrauchbar sind für diesen Zweck Verfahren mit hoher Retest-Reliabilität, die mit Fragen entwickelt sind, die eine hohe zeitliche Stabilität (der interindividuellen Unterschiede in der Population) aufweisen. Vielmehr benötigt man Verfahren, die Veränderungen sensitiv abbilden. Kennwerte für Items, die solche Veränderungen (möglichst gut getrennt von Zufallsschwankungen durch Messfehler) gut abbilden, diskutiert Krauth (1995) in Kapitel 3.3.6. Auch Kennwerte für die Änderungssensitivität von Items lassen sich bei der Itemselektion einbeziehen.

Nach der Itemselektion wird in der Regel zur Kontrolle die Itemanalyse nochmals berechnet und die Endform des Fragebogens erstellt. Nach der Datenerhebung für die Vorform des Fragebogens kann empirisch fundiert der Schritt der eigentlichen Erstellung des Fragebogens vorgenommen werden. Es empfiehlt sich, die einzelnen Schritte der Itemselektion sorgfältig zu dokumentieren. In der Regel erfolgt die Prüfung der Items anhand der Kennwerte aus der sog. Klassischen Testtheorie, wie sie z. B. bei Lord und Novick (1968) oder bei Krauth (1995) dargelegt sind. Die testtheoretischen Grundlagen sind z. B. bei Fischer (1974) auf wenigen Seiten zusammengefasst. Die an den statistischen Grundlagen interessierten LeserInnen seien auf die testtheoretischen Lehrbücher verwiesen (z. B. Bühner, 2004; Krauth, 1995).

5 Endform(en) des Fragebogens und Auswertung

Der Fragebogen sollte in der Endform nicht wesentlich vom Prototyp abweichen. Nur wenn mehr als 30% der Items eliminiert wurden, empfiehlt sich eine „Neureihung" der Items nach dem in Kapitel 4.1.3 beschriebenen Vorgehen. Ansonsten werden die Items neu nummeriert, um die entstandenen Lücken aufzufüllen. Aus dem Fragebogen-Prototyp ergibt sich in der Regel eine Endform mit 4 bis 8 Items pro Subtest, wobei eine gerade Anzahl empfohlen wird, da sich hieraus für Testhalbierungen, die Entwicklung von Paralleltests und bei der Analyse von Messmodellen Optionen zur symmetrischen Teilung ergeben. Auf Basis der Kennwerte für Items und Subtests lässt sich entscheiden, ob eine weitere Kürzung des Fragebogens sowie die Entwicklung einer Kurzform sinnvoll sind und/oder ob sich Parallelformen entwickeln lassen. Die Endform des Fragebogens sollte anhand der in Kapitel 4 dargestellten Regeln nochmals überprüft werden. Auf typografische Sorgfalt ist besonders zu achten.

5.1 Kurzformen und Parallelformen

Kurzformen von Fragebogen eignen sich insbesondere für Gruppenvergleiche oder zur Identifikation von Risikopersonen (Screenings), wenn nur eine erste grobe Analyse durchgeführt werden soll. Kurzformen sind auf der Ebene von Subtests meist nicht mehr problemlos interpretierbar, da aufgrund der Kürzung die Zuverlässigkeit der einzelnen Subtests deutlich sinkt. Die Spearman-Brown-Formel zeigt das Ausmaß der Zuverlässigkeitsminderung bei Testhalbierung an. Erfahrungsgemäß sind einzelne Subtests bei Kürzung deutlich weniger konsistent, als arithmetisch zu erwarten wäre. Bei einer Kurzform lassen sich deshalb nur Zusammenfassungen von Subtests (Bereichssubtests, die auf Basis der Faktorenanalyse auf Subtestebene erstellt werden) oder ggf. Gesamtwerte sinnvoll interpretieren.

5.1.1 Erstellung von Kurzformen

Die Erstellung von Kurzformen ist relativ einfach, solange keine parallelen Kurzformen entwickelt werden sollen. In der Regel werden die beiden (oder bei inhomogenen Subtests die 4) trennschärfsten Items jedes Subtests beibehalten und die übrigen Items eliminiert. Die teststatistischen Kennwerte für den gekürzten Fragebogen führen in der Regel zu guten Ergebnissen. Etwas komplexer gestaltet sich die Konstruktion von Kurzformen, wenn gleichzeitig Parallelformen entstehen sollen.

5.1.2 Entwicklung von Parallelformen

In vielen Fällen können aus einem Fragebogen mit 6 bis 8 Items pro Subtest ohne großen Aufwand parallele Kurzformen erstellt werden. Definitionsgemäß sollen die Parallelformen eine vergleichbare Güte aufweisen. Um eine vergleichbare Qualität der Parallelformen zu erreichen, empfiehlt es sich, die pro Subtest nach Trennschärfen geordneten Items abwechselnd über die Subtests hinweg in die beiden Parallelformen zu sortieren. Jede Parallelform hat damit gleich oft ein erstrangiges, zweitrangiges usw. Item. Damit vermeidet man, dass die Parallelform A durchweg bessere Items hat als Parallelform B. Es lohnt sich, das rein mechanische Vorgehen durch einen Blick auf die Interkorrelationsmatrix (oder Faktorenstruktur) der Items zu ergänzen.

Die Konstruktion von Paralleltests geht von der Idee aus, dass statistisch/methodisch gleichwertige Items vorhanden sind (s. Krauth, 1995). Parallele Items weisen gleiche Varianzen auf und ähnliche Korrelationen zu den übrigen Items. Streng parallele Items besitzen zudem auch dieselben Itemschwierigkeiten (Mittelwerte).

Ob das Vorgehen erfolgreich war, ist in einer anschließenden Itemanalyse abschätzbar. Die beste Prüfung auf Parallelität lässt sich über ein lineares Strukturmodell mit latenten Variablen für jeden der parallelen Subtestscores und einer gemeinsamen übergeordneten latenten Variablen durchführen.

Da sich streng parallele Fragebogenformen nur in den seltensten Fällen entwickeln lassen, müssen die Subtests der Parallelformen (getrennt) normiert werden, wenn die Tests zur Veränderungsmessung eingesetzt werden sollen. Ein Beispiel für ein solches Verfahren stellt das BMS II (Plath & Richter, 1984) dar, wobei Form A in der Regel vor Arbeitsbeginn und Form B nach der Arbeit vorgegeben wird. Aufgrund der Normierung sind die Differenzen interpretierbar – jedoch nicht absolut, sondern nur mit Bezug auf die Normierungsstichprobe.

Neben Kurz- und Parallelformen ist es in einer Reihe von Arbeits- und Forschungsbereichen sinnvoll, Fragebogenvarianten für unterschiedliche Messsituationen zur Verfügung zu haben.

5.2 Fragebogenvarianten

Fragebogenvarianten werden entwickelt, um Fragebogen spezifischen Fragestellungen und Messsituationen anzupassen, oder sie betreffen sowohl die zeitliche und situative Spezifität als auch die Bereichsspezifität. Im Konzept des modularen Fragebogens werden die Varianten systematisch kombiniert.

5.2.1 State-Trait-Ansätze

Fragebogen unterscheiden sich in der Spezifität der Erfassung von Merkmalen und in der zeitlichen Integration. Insbesondere die zeitliche Stabilität der gemessenen Merkmale hat zu einer breiten Debatte geführt. Zwischen allgemeinen, zeitstabilen Merkmalen (Traits) wie Ängstlichkeit und aktuellen Zuständen (States) wie der aktuellen Angst liegt die situationsspezifische Erfassung von zeitstabilen Merkmalen. Zur Spezifität wurden in der Differentiellen Psychologie immer wieder Debatten geführt. So stellt sich bei Merkmalen wie Ängstlichkeit einerseits die Frage, ob die Tendenz, Angst zu entwickeln, über viele Situationen generalisierbar ist. Die empirischen Ergebnisse aus der Angstforschung deuten darauf hin, dass physische Gefährdung einerseits und Bedrohung des Selbstwertes bzw. Leistungsangst andererseits nicht in ein gemeinsames Konzept „Ängstlichkeit" passen. Damit wäre für die beiden Bereiche „Ängstlichkeit" separat, d. h. spezifisch für die beiden Situationsklassen zu messen (vgl. Spielberger, 1975). Das im State-Trait-Angstinventar von Spielberger erfasste Merkmal „Ängstlichkeit" manifestiert sich wahrscheinlich nur in selbstwertrelevanten bedrohlichen Situationen, und dabei entsteht dann der emotionale Zustand „Angst". Für „reaktivitätsbezogene" Persönlichkeitsmerkmale wie „Ängstlichkeit" ist eine Messung des zugehörigen Zustands „Angst" mit einem „passenden" Fragebogen zur Zustandsmessung sinnvoll. Diese Varianten von Fragebogen heißen State-Trait-Varianten.

Der bekannteste Vertreter dieser Fragebogengruppe ist wahrscheinlich das State-Trait-Angstinventar (STAI) von Spielberger, Gorsuch und Lushene (1970). Diese theoriegeleitet entwickelte Konzeption geht davon aus, dass höhere State-Trait-Korrelationen nur dann erzielbar sind, wenn die Zustandsvariante unter (ich-involvierenden) Angstbedingungen ausgefüllt wird.

Weitere Beispiele finden sich in der Erweiterung des STAI auf den Bereich „Ärger" (STAXI; Spielberger, 1991) und im Stressverarbeitungsfragebogen (SVF) von Erdmann und Janke (2008). Ein Grundproblem von State-Varianten wird im SVF besonders deutlich: Höhere Korrelationen sind – wenn überhaupt – nur unter bestimmten Bedingungen und nicht für die ganze Breite des Konzeptbereichs „Stressbewältigung" erzielbar (Kallus & Katzenwandel, 1993).

5.2.2 Situationsspezifische Fragebogen

Situationsspezifität von Angaben ist dadurch gekennzeichnet, dass sich Merkmalsprofile über verschiedene Situationen nicht nur im mittleren Niveau verändern, sondern es auch zur Veränderung der Profilform kommt, d. h. in der Konstellation der Subtests bzw. Merkmalsfacetten.

Dies sei am Beispiel der Stressbewältigung erläutert. Für den Stressverarbeitungsfragebogen (Erdmann & Janke, 2008; Janke, Erdmann & Kallus, 1985) wurden bereits sehr früh situationsspezifische Varianten entwickelt. Damit konnte einerseits eine empirisch fundierte Position zur Situationismus-Debatte (Mischel, 1968) im Bereich „Stressbewältigung" bezogen werden, andererseits zeigen die Daten, dass die Tendenz, unter Stress bestimmte Stressbewältigungsmechanismen einzusetzen, durchaus von der Situation stark mitbestimmt ist.

Eine Reihe empirischer Beispiele (Erdmann & Janke, 2008) zeigt auf, dass Situationsspezifität von Stressbewältigung nicht nur theoretisch interessant ist, sondern auch Implikationen für Stressbewältigungstrainings und den Umgang mit stark beanspruchenden Situationen aufweist.

Abbildung 5 zeigt für die 13 zentralen Subtests des Stressverarbeitungsfragebogens mit 78 Items die situationsbezogenen Mittelwertprofile für die Situationen „Klausur" und „Zahnarzt" sowie die unspezifische Situationsvorgabe „Standard" (Weyers, 2000, zitiert nach Erdmann & Janke, 2008, S. 161). Diese Profile wurden errechnet aus den Angaben von 60 Personen im SVF-78-3S. Diese Fragebogenvariante erhebt für die 13 zentralen Subtests des SVF die Tendenz, zu jeweils einer Situation, die im Kopf des Fragebogens definiert ist, mit der jeweiligen Bewältigungsstrategie zu reagieren. Während die „Klausur-Situation" im Profil der allgemeinen Vorgabe stark ähnelt, zeigt die Situation „Zahnarzt" drastische Abweichungen in der „Situationskontrolle" sowie in den Strategien der Bereiche „soziales Unterstützungsbedürfnis" und „gedankliche Weiterbeschäftigung". Erdman und Janke (2008, S. 162) berichten eine Profilkorrelation von $r = .89$ zwischen „Klausur-Situation" und verallgemeinerter Situation, während die Profilkorrelation zwischen „Zahnarzt-Situation" und verallgemeinerter Situation nur $r = .31$ beträgt.

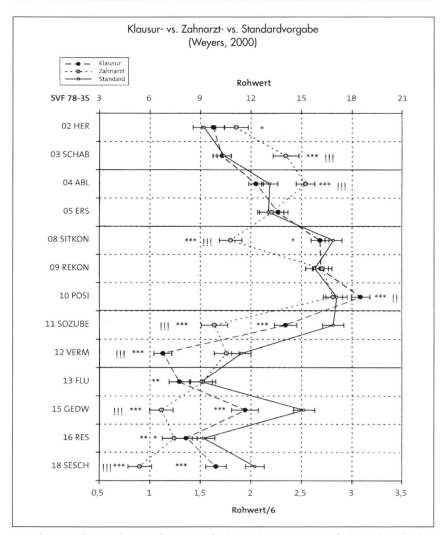

Anmerkung: „•" kennzeichnet Mittelwertsunterschiede zwischen situationsspezifischer und Standardvorgabe, „!" zwischen den beiden situationsspezifischen Vorgaben.

Abbildung 5: Mittelwertprofile der SVF-Subtests (SVF-78-3S) mit Standardvorgabe und 2 situationsspezifischen Vorgaben (Klausur-Situation, Zahnarzt-Situation) bei Psychologiestudierenden (N = 60) (Weyers, 2000, aus Erdmann & Janke, 2008, S. 161)

Ähnliche situationsspezifische Profile der Stressbewältigung finden sich für die von Hampel, Petermann und Dickow (2001) gewählten Situationsklassen „schulische Bezugssituation" und „soziale Bezugssituation" im angepassten Stressverarbeitungsfragebogen für Kinder und Jugendliche (SVF-KJ). Beide Fragebogenköpfe sind in Box 24 wiedergegeben.

Box 24: Situationsvorgaben im SVF-KJ (Hampel, Petermann & Dickow, 2001)

„Wenn mich **andere Kinder** unter Druck setzen und ich ganz aufgeregt bin, dann ..."

„Wenn mich **etwas in der Schule** unter Druck setzt und ich ganz aufgeregt bin, dann ..."

Situationsspezifische Messungen von Personenmerkmalen (Endler & Hunt, 1966) erfolgen in sog. Situations-Reaktions-Inventaren (SR-Inventaren). Dabei wird in der Kopfzeile des Fragebogens die Situation vorgegeben und im Fragebogen werden die Reaktionen erfasst. Der Antwortmodus der klassischen SR-Inventare war die Intensität der Reaktion. Beim situationsspezifischen Stressverarbeitungsfragebogen wird die Wahrscheinlichkeit der Reaktion eingestuft. In der Zustandsvariante wird beim SVF-aktuell die Häufigkeit erfragt.

5.2.3 Selbst-/Fremdbeurteilung

Sowohl im klinischen Bereich als auch in der Arbeitspsychologie finden sich parallel konstruierte Verfahren zur Erfassung von Merkmalen aus unterschiedlichen Perspektiven. Einsatz finden solche Varianten beim 360°-Feedback, aber auch in der Arbeitsanalyse. Das Instrument zur Stressbezogenen Arbeitsanalyse (ISTA; Semmer, Zapf & Dunckel, 1999) ist ein etabliertes Beispiel.

Ähnlich wie bei State-Trait-Varianten erweisen sich die „Übereinstimmungen" von Selbst- und Fremdbeurteilungen oft als nicht sehr hoch. Für das ISTA-Verfahren variieren die Korrelationen zwischen r = .23 und r = .54 (Semmer, Zapf & Dunckel, 1999). Ein Hauptgrund liegt wahrscheinlich im unterschiedlichen Informationshintergrund der Personen bei Selbst- und Fremdurteilen.

Die mäßigen Korrelationen zwischen Selbst- und Fremdbeurteilungen weisen prinzipiell darauf hin, dass in vielen Fällen eine „Mehrperspektiven-Befragung" wertvolle, ergänzende Informationen liefern kann.

Für die Fragebogenentwicklung von Selbst-Fremd-Parallelformen ist einerseits auf eine möglichst prägnante und genaue Itemformulierung zu achten. Andererseits sollten die Items bewusst unter dem Gesichtspunkt der verfügbaren Merkmalsinformation ausgewählt werden. Entscheidungen dieser Art sollten explizit gefällt werden und in der Dokumentation zu den Selbst-Fremd-Parallelformen explizit genannt werden.

5.2.4 Fragebogenformen, -varianten und -systeme

Ein Blick in die Listen der publizierten Fragebogen zeigt, dass über Fortentwicklungen hinaus für viele Verfahren eine Reihe von Varianten für unterschiedliche Einsatzbereiche vorliegen. Dabei kann es sich um Parallelformen und Kurzformen oder um Varianten für spezielle Einsatzbereiche handeln. Zudem zeichnen sich erste Ansätze zur Entwicklung von modular aufgebauten Fragebogensystemen ab.

Aufeinander bezogene Fragebogensysteme sind neben dem State-Trait-Fragebogen von Spielberger auch für den Bereich der Stressbewältigung mit dem Stressverarbeitungsfragebogen (SVF; Erdmann & Janke, 2008) entwickelt worden. Dieser Fragebogen erfasst in der „Normalform" mit 120 Items interindividuelle Unterschiede für den Merkmalsbereich „Stressbewältigung" in 20 Subtests, die sich zu 5 bis 6 Stressbewältigungsbereichen zusammenfassen lassen. Die Kurzform SVF-78 wurde durch Reduktion der Subtests von 20 auf 13 erreicht und nicht wie im oben dargestellten Verfahren durch Reduktion der Items pro Subtest. Damit bildet der SVF-78 die wichtigsten Faktoren der Stressbewältigung ab, das gekürzte Profil weist für die Subtests aber unveränderte Reliabilitäten und Subtestinterkorrelationen auf. Eine weitere Kürzung stellt die Form mit 36 Items dar, die die wichtigsten Faktoren mit je 6 Items erfasst und das Subtestprofil des SVF damit auf die zentralen Punkte reduziert.

Die Formen mit 36 Items und mit 78 Items können zur situationsbezogenen Erfassung von Stressbewältigungsstrategien (SVF-36S, SVF-78S) eingesetzt werden. Schließlich wird das System zum Stressverarbeitungsfragebogen ergänzt durch die State-Version, die die aktuell eingesetzte Stressbewältigung in einer vorangegangenen Situation (z. B. Fahrprüfung; Kallus & Katzenwandel, 1993) erfasst.

Weiterhin können der Fragebogenfamilie des SVF die hinsichtlich der Subtests und hinsichtlich des Antwortformats modifizierten Fassungen für Kinder und Jugendliche (SVF-KJ; Hampel, Petermann & Dickow, 2001) zugeordnet werden. Dieser Fragebogen erfasst die Stressbewältigungsstrategien situationsspezifisch für soziale Situationen und schulische Leistungssituationen. Für diese Version wurde das Antwortformat für Kinder und Jugendliche adaptiert und im Zuge dessen eine Reihe von Itemformulierungen geändert. Inwieweit die dabei beobachtete geänderte Faktorenstruktur auf die Adaption der Items oder auf altersspezifische Einflüsse zurückführbar ist, wurde bislang nicht empirisch geprüft. Letztendlich wurden zum SVF auch Verfahren publiziert, die aufgrund der hohen Ähnlichkeit der Items der Fragebogenfamilie zugeordnet werden können. Ein weit verbreitetes Beispiel ist der Freiburger Fragebogen zur Krankheitsbewältigung (FKV; Muthny, 1989).

Je nach Fragestellung, Untersuchungssetting und vor allem Anzahl von Messwiederholungen ist es sinnvoll, Fragebogenvarianten unterschiedlicher Länge zur Verfügung zu haben. Längere Fragebogen erlauben eine zuverlässige und differenzierte Aussage über die Merkmalsfacetten, kurze Fragebogen eher nur eine Aussage über das Merkmal insgesamt. Unterschiedlich umfangreiche Inventare sind zur Befindensmessung entwickelt worden. So kann die Eigenschaftswörterliste (EWL; Janke & Debus, 1978) zwischenzeitlich als ein solches System betrachtet werden. Während die Ursprungsform der EWL mit 171 Eigenschaftswörtern und einem Ja/Nein-Antwortformat relativ umfangreich das subjektive Befinden in 15 Kategorien (Subtests) erfasst, erlaubt die EWL-60, mit einer 4-stufigen Intensitätsskala (mit den Stufen „gar nicht – etwas – stark – sehr stark") die gleichen 15 Subtests mit 60 Items abzubilden. Da die Bearbeitung der EWL-60 für wiederholte Messungen mit ca. 5 Minuten Bearbeitungszeit noch recht lang dauert, wurde mit der Befindlichkeitsskalierung nach Kategorien und Eigenschaftswörtern (BSKE; Janke, Hüppe, Kallus & Schmidt-Atzert, 1989; Janke, Erdmann & Hüppe, 2002) eine Kurzform entwickelt, die angelehnt an die EWL das aktuelle Befinden mit nur 24 Items erfasst, wobei die Bereiche „körperliches Wohlbefinden" und „körperliche Anspannung" ergänzt wurden. Die BSKE hat aufgrund der reduzierten Itemzahl einen differenzierten Antwortmodus zur Intensität mit 7 Stufen. Auch die BSKE erfragt die 15 Befindensbereiche der EWL. Aussagen mit hoher Zuverlässigkeit sind aber nur auf der Ebene der Bereichssubtests möglich.

Anhand der Beispiele zeigt sich deutlich, dass bei der Reformulierung, Kürzung und Erweiterung der Antwortskala deutliche Einbußen bezüglich Parallelität in Kauf zu nehmen sind. Diese Daten belegen wiederum, dass Veränderungen in der Art der Items und der Art der Itemformulierung sehr behutsam und gezielt erfolgen müssen, um mit parallelen oder gekürzten Fragebogenversionen zu ähnlichen Ergebnissen zu gelangen. Niedrige Korrelationen zeigen, dass Fragebogenscores gegenüber Reformulierungen und „Adaptierungen" äußerst empfindlich sind und Verfahren nach einer Änderung immer erneut empirisch zu prüfen sind.

Eine weitere Entwicklung im Hinblick auf die Differenziertheit der Aussagen stellt die Fragebogenfamilie des Erholungs-Belastungs-Fragebogens (EBF; Kallus, 1995) dar. Für den EBF gibt es Versionen unterschiedlicher Längen wie bei der EWL und dem SVF, zudem aber auch Versionen mit unterschiedlichen „Zeitfenstern" und vor allem Module für spezifische Einsatzbereiche. Die unterschiedlichen Zeitfenster für die Fragen (in den letzten 3/7/14/28 Tagen) betreffen die Positionierung der Messung im „State-Trait-Kontinuum". Mit den Zeitfenstern des EBF wird eine überdauernde Zustandslage ähnlich einer Stimmungslage abgebildet, während „States" den augenblicklichen Zustand und „Traits" die langfristig überdauernde Verhaltenstendenz im Sinne eines Persönlichkeitsmerkmals betreffen. Die vom EBF abgebildete überdauernde Zustandslage ändert sich ggf. von Tag zu Tag oder von Woche zu Woche. Besonders prägnante Änderungen im Beanspruchungs-Erholungs-Zustand zeigen sich in arbeitsfreien Perioden wie dem Wochenende oder auch durch (Kurz-)Urlaube.

5.2.5 Das Konzept des modularen Fragebogens

Bei der Entwicklung von Fragebogen besteht häufig das Risiko, einen Fragebogen spezifisch für eine Teilpopulation zu entwickeln, obwohl bereits absehbar ist, dass der Einsatzbereich darüber hinausgehen wird. Ein prägnantes Beispiel hierfür ist das MBI (Maslach Burnout Inventory; Maslach & Jackson, 1981). Im MBI finden sich Itemformulierungen mit direktem Bezug zu helfenden Berufsgruppen, die sich explizit auf „meine Patienten" beziehen. Soll der Fragebogen außerhalb der therapeutischen Berufe eingesetzt werden (z. B. bei LehrerInnen), müssen die Items „angepasst" werden. Diese Adaptierung verstößt jedoch gegen die Regel, einen Fragebogen nicht ohne Sicherung der Qualität zu modifizieren. Die Konzeption des gemeinsamen Einsatzes unspezifischer und bereichsspezifischer Module (Konzept des modularen Fragebogens) bietet neue Perspektiven und stellt eine Innovation in der Fragebogenentwicklung dar. Der modulare Fragebogen stellt der irrationalen Tendenz, einen Fragebogen immer weiter zu kürzen, die Alternative der nachvollziehbaren und spezifischen Befragung entgegen. Für eine standardisierte Befragung stellt sich oft die Frage nach dem sinnvollen oder notwendigen Spezifitätsgrad. Fundierte Beratungen, treffsicheres Coaching und gehaltvolle Entscheidungshilfen für tiefgreifende und nachhaltige Veränderungen fordern detaillierte, tiefgehende Informationen. Oberflächliche Befragungen zum Wohlbefinden von Personen oder Teams oder zum „Klima" in Organisationen eignen sich als „Thermometer" für den Zustand oder lassen sich als Screening zur Identifikation von Problembereichen einsetzen. Eine differenzierte Diagnose eines Problemfeldes erfordert genauere Informationen. Ebenso wie das unspezifische Symptom „Fieber" alleine keine hinreichende Diagnose für die spezifische Behandlung darstellt. Andererseits zeigt „Fieber" an, dass (Be-)Handlungsbedarf besteht. Spezifische Fragen gehen von der Einstellungsebene und der Ebene des typischen Verhaltens auf die Ebene der Gewohnheiten und der situationsspezifischen Reaktionen.

Eine Kombination unterschiedlicher Differenziertheit erlaubt das Konzept des modularen Fragebogens, bei dem allgemein orientierte und sehr spezifische Fragen in systematischer Weise durch aufeinander abgestimmte Module kombiniert werden. Die modulare Fragebogenkonzeption bietet die Möglichkeit, Verfahren zu entwickeln, die sowohl breit einsetzbar als auch gleichzeitig spezifisch genug sind, um unmittelbare, für einen Anwendungsbereich relevante Handlungsimpulse zu liefern bzw. konkrete Entscheidungshilfen zu bieten. Der Aufbau des modularen Fragebogens wird im Folgenden am Beispiel des Erholungs-Belastungs-Fragebogens erläutert:

1. Für den modularen Fragebogen werden zur Erfassung des Merkmalsbereichs zunächst für das allgemein einzusetzende Modul global formulierte Items entwickelt, die den Bereich für die gesamte Population passend abbilden. Der EBF in der Langform beispielsweise erfasst den Beanspruchungs-Erholungs-Zustand mit 72 populationsunspezifischen, global formulierten Items.
2. In einem weiteren Schritt werden Manifestationen der Merkmale in einem relevanten Anwendungsfeld gesammelt und bei Bedarf bereichsspezifische Ergänzungen vorgenommen. Daraus ergeben sich dann bereichsspezifische Module. Beispiel für den EBF sind spezifische Module für den Sportbereich oder die Arbeitswelt. Der Fragebogenteil für den spezifischen Anwendungsbereich wird wie ein eigener Fragebogen entwickelt – allerdings mit dem Unterschied, dass die Items an das Antwortformat des Globalteils angepasst sind.
3. Bei Bedarf lässt sich ein dritter Fragebogenteil mit projektspezifischen Subtests (z. B. Items für eine spezifische Sportart) ergänzen.

Spezifische Module wurden für den EBF zwischenzeitlich für den Sportbereich (EBF-Sport; Kellmann & Kallus, 2000; englisch: RESTQ-Sport; Kellmann & Kallus, 2001), für den Bereich der Arbeitswelt (EBF-Work; Kallus & Jiménez, 2010) und den Bereich der Rehabilitation (EBF-Reha; Schuster, Kallus, Poimann & Bieber, 1998) entwickelt. Vorteil eines solchen modularen Systems ist ein unterschiedlicher Grad an Spezifität der Messung. Der spezifische Teil erfasst Details des jeweiligen Anwendungsfeldes. Vergleicht man die Messung mittels Fragebogen mit einer Fotografie, erlaubt das spezifische Modul Messungen mit hoher Detailauflösung wie ein Teleobjektiv. Inhaltlich erlaubt der spezifische Teil eine bereichsbezogene Einbettung.

Mit den globalen Subtests („im Weitwinkel") ist ein breiter Vergleich mit anderen Populationen zur Gesamtbewertung und Einordnung des Ergebnisses möglich. Erfahrungsgemäß zeigt diese Kombination bei Befragungen eine sehr hohe Akzeptanz, weil die „spezifischen Probleme" berücksichtigt werden. Zudem lässt sich die später fast immer gestellte Frage „Und wie stehen wir im Vergleich da?" über den allgemeinen Teil beantworten. Über den allgemeinen Teil sind zudem Validitätsstudien auf den Teilbereich beziehbar. Während der Erholungs-Belastungs-Fragebogen in der Basisform Auskunft über die Beanspruchung und Erholung einer Person „in den letzten (3/7/14) Tagen" liefert, erlauben die Varianten für Arbeitstätige, SportlerInnen, TrainerInnen, Reha-PatientInnen und Angehörige von PatientInnen, die spezifischen Belastungen und Regenerationen von Ressourcen bei SportlerInnen, TrainerInnen, Reha-PatientInnen und deren Angehörigen abzubilden. Diese kombinierten Ergebnisse sind in der Regel für die spezifische Umsetzung von Maßnahmen und das Feedback und/oder das Coaching von Personen besonders relevant. Die neueste Entwicklung zum Fragebogen erfasst genauer die (Fehl-)Beanspruchung und deren Ursprung im Umgang mit persönlichen und sozialen Ressourcen in der Arbeitswelt (EBF-Work) sowie die spezifischen Facetten von Beanspruchung und Erholung aus der Perspektive des Sozialkapitalansatzes (EBF-SCQ).

5.3 Fragebogenhandbuch: Dokumentation der Fragebogenentwicklung und Auswertungsleitlinie

Zu einem Fragebogen wird in der Regel ein Testhandbuch erstellt. Bei projektspezifischen Entwicklungen sind mindestens die Basisinformationen zu dokumentieren, um eine erschöpfende und korrekte Handhabung sowie Auswertung des Fragebogens sicherzustellen. Im Manual ist die Operationalisierung des Merkmalsbereichs, die Entwicklung des Fragebogens und insbesondere die abschließende Prüfung der Endform zu dokumentieren. Dabei sollten die testtheoretischen Kennwerte und Subtestkennwerte, Hinweise und Regeln zur Auswertung, die Vorlagen für Profile, Normen und Hinweise zur Reliabilität und Validität in das Manual aufgenommen werden.

5.3.1 Auswertungsbogen

Für die Auswertung unerlässlich sind die Erstellung eines Auswertungsbogens und eine Dokumentation der Subtests mit ihren psychometrischen Kennwerten. Ein Beispiel für einen Auswertungsbogen ist in Tabelle 5 für die 48-Itemform des Erholungs-Belastungs-Fragebogens dargestellt.

Tabelle 5: Auswertungsschablone des EBF-48 (Kallus, 1995)

1	2	3	4	5	6	7	8	9	10	11	12
ALLG-BEA	EMO-BEA	SOZ-BEA	KONFL	ÜMÜDG	ENLOS	SOM-BEA	ERFOLG	SOZ-ERH	SOM-ERH	ERH-ALLG	SCHLAF
22	5	21	12	2	4	7	3	6	9	10	19
24	8	26	18	16	11	15	17	14	13	34	27
30	28	39	32	25	31	20	41	23	29	43	*36
45	37	48	44	35	40	42	49	33	38	47	*46
Σ	Σ	Σ	Σ	Σ	Σ	Σ	Σ	Σ	Σ	Σ	Σ
MW	MW	MW	MW	MW	MW	MW	MW	MW	MW	MW	MW

* Items 36 und 46 müssen invertiert werden.

In einer solchen Auswertungstabelle werden die angekreuzten Itemantworten zahlenmäßig so eingetragen, wie die Zahlen in der Antwortskala vorgegeben sind. Eine Iteminvertierung bedeutet, dass der angekreuzte Zahlenwert vom Maximalwert abgezogen wird. Beim EBF wird demnach 6 − x berechnet. Danach werden der Summenwert und (gegebenenfalls) der Mittelwert über die Items berechnet.

5.3.2 Datenaufbereitung

Auswertungen größerer Stichproben erfolgen in der Regel über Statistikprogrammpakete. Zur Fehlervermeidung und Qualitätssicherung ist es unbedingt empfehlenswert, immer die Rohwerte aller Items in das Datenverarbeitungssystem einzugeben. Anhand der Rohwerte sind testtheoretische Kontrollberechnungen und elementare Datenkontrollen einfach durchführbar. So kann für neue Einsatzbereiche eine Kontrolle der in der neuen Stichprobe erreichten Messgenauigkeit äußerst hilfreich sein. Auch die Speicherung von anonymisierten Fragebogendaten in Datenbanken für die Bildung von Norm- und Vergleichswerten sollte immer anhand der Rohwerte erfolgen. Eine Mischung von „Handauswertung" und EDV-Auswertung stellt einen datenstrategischen Fehler dar und birgt eine Vielzahl kaum erkennbarer oder korrigierbarer Fehlerquellen, wie z. B. die Invertierung von Items. Die zahlenmäßigen Itemrohwerte sollten der numerischen Verankerung im Fragebogen entsprechen und in jedem Fall dokumentiert werden. Auch Auswertungen mit SPSS oder ähnlichen Programmsystemen beinhalten eine Reihe von Fehlerquellen. Die wichtigsten sind im Folgenden aufgelistet.

1. **Umkodierung von Werten**
   Umkodierungen zur Iteminvertierung bergen das Risiko, dass die Umkodierung bei jedem Programmstart unkontrolliert (und damit in wechselnde Richtungen) erfolgt. Dieser Fehler lässt sich nur dadurch vermeiden, dass als Ergebnisvariable *nicht* die Ursprungsvariable benutzt wird. Damit handelt es sich dann auch nicht mehr um eine „Umkodierung", sondern um eine „Transformation".

2. **Missing-Data-Kodierung**
   Generell ist bei der Auswertung darauf zu achten, dass Missing Data immer korrekt erkannt werden. Wenn z. B. Missing Data mit „-9" kodiert werden, besteht das Risiko, dass bei Datentransformationen „-9" verrechnet wird und das Ergebnis nicht mehr als „Missing" erkennbar ist. Eine einfache Lösung stellt die Eingabe von Leerzeichen dar, da zwischenzeitlich alle größeren Statistikprogrammpakete und Programmiersprachen „Blanks" als Missing kodieren.

3. **Verwendung falscher Auswertungsschablonen bzw. falsche Berechnungssyntax**
   Bei Fragebogenrevisionen finden immer wieder Änderungen in den Itemnummern statt. Bei der Auswertung ist darauf zu achten, dass die Änderungen auch in die Auswertungsunterlagen einfließen.

4. **Änderungen des Dateneingabeschemas ohne Anpassung der Einlesesyntax**
   Dieser Fehler kann bei Einsätzen von Fragebogen über einen längeren Zeitraum auftreten, wenn Teammitglieder in der EDV wechseln.

Bei jeder Auswertung empfiehlt sich ein Blick auf die Itemverteilungen und die Subtestverteilungen. In vielen Fällen fallen hierbei schon „unpassende" Werte auf.

5.4 Subtestprofile und Normen

Subtestwerte und weiter zusammengefasste Subtestwerte (Bereichssubtests) sind die Messergebnisse eines psychometrischen Fragebogens. Ob die Bildung von Gesamtwerten sinnvoll ist oder Subtests zu übergeordneten Bereichen zusammengefasst werden sollten, entscheiden die TestentwicklerInnen auf Basis empirischer Daten. Die Darstellung und Interpretation von Fragebogenprofilen erfordert Vergleichswerte. Im Idealfall können repräsentative Normen als Vergleichswerte herangezogen werden. Im letzten Fall kann alternativ ein Profil mit den normierten Werten erstellt werden.

Das Vorliegen von Normen erleichtert die Interpretation des Ergebnisprofils insbesondere bei der Interpretation von Einzelfalldaten oder Stichprobenergebnissen ohne Kontrollgruppen. Die absolute Interpretation der erhaltenen Werte ist ohne Referenzwerte nicht zulässig. Wie im Abschnitt über Skalierung ausgeführt wurde, sind Interpretationen von Absolutwerten unprofessionell und sachlich in der Regel nicht haltbar.

5.4.1 Entwicklung einer Profildarstellung

In der Regel handelt es sich bei Subtestwerten um Merkmalsfacetten mit einem Bezug zueinander. Daher werden die Ergebnisse üblicherweise in einem Ergebnisprofil zusammengefasst. Während die Abfolge der Items im Fragebogen durch das in Kapitel 4.1 beschriebene Randomisierungsverfahren bestimmt ist, sollte die Reihenfolge der Subtests für Ergebnisinterpretation und Ergebnisdarstellungen, insbesondere bei Testprofilen, systematisch so festgelegt werden, dass das Ergebnisprofil anschaulich, prägnant und gut interpretierbar ist. Die Festlegung der Reihenfolge erfolgt auf Basis der Subtestinterkorrelationen und Mittelwerte. Eine Zufallsabfolge der Subtests würde zu maximal unübersichtlichen und kaum interpretierbaren Ergebnisprofilen führen. Das Eintragen der Subtestergebnisse einer Person oder einer Personengruppe in einen Profilbogen erlaubt eine übersichtliche und kompakte Darstellung, wenn das Profil in sinnvoller Weise erstellt wurde.

Für die Abfolge der Subtests im Profil sollten die Itemkorrelationsmatrix bzw. die Faktorenstruktur der Subtests, die Polung, das Niveau und die Validitäten berücksichtigt werden. Es wird empfohlen, die Reihenfolge der Subtests in systematischer Weise nach der im Folgenden beschriebenen Logik festzulegen:
1. Berechnung der Subtestinterkorrelationen
2. Durchführung einer Faktorenanalyse mit den Subtests

3. Festlegung der Subtestabfolge in Anlehnung an die Varimax-Rotation
4. Innerhalb eines Faktors: Subtests mit gleicher Polung und ähnlichen Mittelwerten zueinander gruppieren

Die Interpretation von Profilen erfordert eine Berücksichtigung der Subtestinterkorrelationen. Diese lassen sich in einem klassischen Fragebogenprofil nicht einfach darstellen. Wählt man als Profil ein Polarkoordinatenprofil, lassen sich über die Winkel zwischen den Subtests die Korrelationen visualisieren. (Der Ansatz zur Visualisierung der Korrelationen von Variablen über die Cosinus-Alpha-Formel ist sehr anschaulich bei Lienert [1969, S. 498ff.] dargestellt.) Hiervon wird jedoch erstaunlicherweise auch dann kein Gebrauch gemacht, wenn die Ergebnisse im Polarkoordinatendiagramm dargestellt werden.

Bei der Entwicklung von Hinweisen zum Umgang mit der Interkorrelationsstruktur der Subtests sollte auch die Frage beantwortet werden, ob sich Subtests zu Faktoren 2. Ordnung, d. h. zu „Bereichssubtests" zusammenfassen lassen.

5.4.2 Vergleichswerte und Normen

Für die Interpretation von Subtestwerten und insbesondere bei Profilen sind Vergleichswerte und Normen sehr hilfreich. Falls Vergleichswerte fehlen, sind Subtests und Profile von einzelnen Personen oder von Teilgruppen jeweils nur im Hinblick auf die Gesamtgruppe der jeweiligen Studie oder im Hinblick auf eine Kontrollgruppe interpretierbar. Die Interpretation der jeweiligen Skalenwerte ohne eine Referenz verbietet sich aus skalierungstheoretischen Gründen. Man bedenke, dass jede geringfügige Modifikation der Itemformulierungen die Werte verändert. Antwortskalen mit zahlenmäßig verankerten Kategorien suggerieren scheinbare Skalen-Nullpunkte und/oder Einheiten und damit die scheinbare Möglichkeit einer „absoluten" Interpretierbarkeit. Dieser weit verbreitete Irrtum lässt sich durch die Arbeit mit Normwerten vermeiden. Wenn keine Normen vorliegen, ist ein dezidierter, bewusster Interpretationsschritt für die Formulierung haltbarer „skalenbezogener" Aussagen erforderlich. Bei dieser Interpretation ist das Kalkül der testtheoretischen Summenwerte bzw. Subtestmittelwerte zugunsten semiqualitativer Aussagen zu verlassen. Natürlich kann eine Aussage in dem Sinne formuliert werden, dass die Belegschaft eines Betriebs eine Frage zur Zufriedenheit mit dem Kantinenessen zu über 80% mit „sehr zufrieden" beantwortet hat. In diesem Fall liegt eine einfache Betrachtung einer Einzelfrage vor. Ergebnisse von Einzelfragen (vgl. „Bogen mit Fragen") haben oft nur eine geringe Reproduzierbarkeit und lassen in der Regel keine oder nur sehr unsichere Aussagen über die individuelle Merkmalsausprägung zu.

Der Vorteil eines Normwertprofils liegt vor allem in der einfacheren Interpretierbarkeit der relativen Merkmalsausprägung für ein Individuum oder eine Gruppe von Personen (z. B. ein Projektteam). Für die Interpretation von individuellen Profilergebnissen werden in der Regel die Verteilungen aus einer Normstichprobe herangezogen. Normstichproben sollten hinreichende Repräsentativität aufweisen. Oft bleibt dem Fragebogenanwender nur der Bezug auf eine definierte Vergleichsstichprobe („Benchmark"), weil Fragebogennormierungen an einer repräsentativen Stichprobe nicht zur Verfügung stehen. Das folgende Beispiel stammt aus dem EBF-Sport, für den zwar viele Vergleichsstichproben, aber keine repräsentativen Normwerte vorliegen.

Abbildung 6 zeigt das Profil einer Sportlerin im EBF-Sport (durchgezogene Linie) über die Subtestmittelwerte. Als „unkritischer Bereich" ist das Feld mit M ± 1,0 * SD

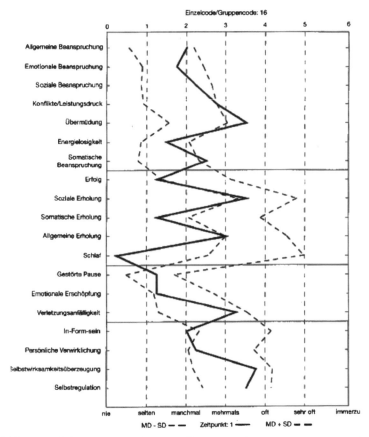

Abbildung 6: Erholungs-Beanspruchungs-Profil einer Sportlerin im EBF-Sport (aus Kellmann & Kallus, 2000, S. 49)

für die Bezugsgruppe der Sportlerin (alle SportlerInnen desselben Fragebogens) eingezeichnet. Kritische Werte fallen auf für Übermüdung, somatische Erholung und Schlaf.

Für die Interpretation sollten immer die Subtestinterkorrelationsmatrix als auch die Subtestreliabilität einbezogen werden. Im Unterschied zur psychometrischen Profildiagnostik werden bei der Fragebogenanwendung die unterschiedlichen Reliabilitäten nicht explizit einbezogen. Dies gilt auch für Profile mit Normwerten. Die Unterschiede in der Zuverlässigkeit der Subtestwerte sind demnach vom Anwender bei der Profilinterpretation zu berücksichtigen.

Zur Profilnormierung wird pro Subtestwert ein Standardwert bestimmt. Die einfache Berechnung von Standardwerten erfolgt über Mittelwert und Streuung einer repräsentativen Stichprobe. Zunächst wird pro Subtest ein Wert der Standardnormalverteilung (z-Wert) mit der Formel 5.1 berechnet:

Formel 5.1: z-Werte der Standardnormalverteilung

$z_{ik} = (x_{ik} - M_k) / SD_k$

Z_{ik}: Standardwert von Person i im Subtest k
x_{ik}: Rohwert
M_k: Mittelwert der Stichprobe in Subtest k
SD_k: Streuung von Subtest k

Bei ungünstigen Verteilungen ist es möglich, auch eine künstliche „Normalisierung" der Werte über eine Prozentrangtransformation vorzunehmen (vgl. Bühner, 2004, Kapitel 3.6.1; Krauth, 1995, Kapitel 5.6.2).

In der Regel werden die z-Werte anschließend in etablierte Normwerte überführt, wobei für Fragebogen häufig eine T-Skala mit M = 50 und SD = 10 gewählt wird. Alternativ sind auch sog. Stanine-Werte mit M = 5 und SD = 2 möglich. Beispiele für **T-Transformationen** finden sich beim Stressverarbeitungsfragebogen (SVF; Erdmann & Janke, 2008) oder beim BMS-Verfahren (Plath & Richter, 1984). Die Interpretation von Standardwerten erfolgt immer auf dem Hintergrund der Normdaten bzw. der Normstichprobe. In einigen Fällen ist die Interpretation dann sehr komplex, wie z. B. beim BMS-Verfahren. Die T-Werte des BMS sind einerseits schwer interpretierbar, weil niedrige Werte (z. B. für Ermüdung) einen hohen „Gestaltungsbedarf" anzeigen. Zudem ist eine Interpretation schwierig, als Zustandsmerkmale wie Ermüdung, Monotonie und Stress erfragt werden. Diese Merkmale sind aber über die Zeit hinweg relativ variabel und situationsabhängig. Daher ist das BMS-Verfahren in seinem Einsatz nicht nur populationsbezogen, sondern auch tätigkeits- und zeitbezogen normiert. Dementsprechend existieren für unterschiedliche Einsatzbereiche auch unterschiedliche Varianten des BMS. Jüngst wurde das BMS II (Plath & Richter, 1994) für den Bereich der eher mental beanspruchten Tätigkeiten publiziert. Wenn das Merkmal wie beim BMS situativen Schwankungen unterworfen ist, ist für die Interpretation der Standardwerte die Bezugsgruppe und die Bezugssituation zu berücksichtigen. Daher ist es in vielen Fällen angemessener, von Vergleichswerten oder Referenzwerten zu sprechen als von „Normwerten".

Ein Profil mit Standardwerten hat im Vergleich zum Rohwerteprofil immer eine relativ einfache „Form", weil alle Subtests ihren Mittelwert wirklich in der Mitte der Werteskala haben und alle Subtests nach der Normierung eine identische Streuung aufweisen. Danach ist eine Aussage zur typischen Profilform wie das oft zitierte „iceberg"-Profil des Profile of Mood States (POMS; Lorr, McNair & Droppleman, 1971) nicht mehr sinnvoll. Ein individuelles Profil ist aber bei Normwerten leichter beurteilbar. Allerdings ist bei Aussagen zur „Normalität" Vorsicht geboten. Ein Body-Mass-Index (BMI) von 25 liegt zwar noch innerhalb der Norm, ist aber physiologisch schon als Risikofaktor für Erkrankungen relevant.

Bei grafischer Aufbereitung von Profilen kann zur Erleichterung der Interpretation eine Gruppe von hoch korrelierenden und zu einem Faktor gehörenden Subtests gekennzeichnet werden.

Profilinterpretationen benötigen immer Hintergrundwissen über die zugrunde liegenden Merkmale und die Merkmalsstruktur im Fragebogen. AnwenderInnen, die über ein solches Hintergrundwissen nicht verfügen, sollten ihre Interpretation auf Gesamtwerte beschränken und sich eher auf den Bereich des „Screenings" konzentrieren. Besonders kritisch sind Interpretationen, die sich allein auf die Bezeichnungen der Subtests stützen und diese zudem noch großzügig interpretieren. So erreichen den Autor dieses Buches immer wieder Anfragen, die zur Stressmessung unbedingt den Stressverarbeitungsfragebogen einsetzen wollen oder im ungünstigeren Fall bereits eingesetzt haben.

Bei der Interpretation der Ergebnisse eines Subtestprofils zahlt sich eine konzeptgeleitete Entwicklung des Fragebogens aus. Wenn Subtests präzise und konzeptkonform operationalisiert wurden, ergibt sich eine leicht nachvollziehbare, aussagekräftige Interpretation, da man weiß, was „hinter den Werten steckt". Ist die Entwicklung eher konzeptfern mit „irgendwelchen" Items erfolgt, sind die Werte der (dann faktorenanalytisch gebildeten) Subtests schwer interpretierbar. Ohne einen Blick auf die besonders hoch ladenden Items zu werfen, besteht dann zudem oft das Risiko, bei der Interpretation der (oft willkürlichen) Bezeichnung der Faktoren ein zu hohes Gewicht beizumessen. Im letzten Fall ist die Interpretation zwangsläufig ebenso vage wie die Konzeptdefinition. Faktorenbezeichnungen und Subtestbezeichnungen haben die Tendenz, sich „zu verselbständigen". Bei unklaren Konzepten ist der Einsatz von Fragebogen für praxisbezogene Projekte oft verfrüht oder verfehlt. In diesem Fall gilt es, stattdessen oder mindestens ergänzend auf alternative Befragungsstrategien wie das Interview zurückzugreifen, um zu hinreichend tragfähigen Ergebnissen und Schlussfolgerungen zu gelangen.

Ergänzend sei der Hinweis gegeben, dass auch bei normierten Profilen die Schlussfolgerungen den Antwortmodus nicht außer Acht lassen sollten. So sind „häufig" übermüdete Personen nicht zwingend „stark" übermüdet.

6 Qualität der Endform des Fragebogens

Die Überprüfung der Endform eines Fragebogens erfolgt in der Regel anhand der Daten einer eigenen Stichprobe. Wenn Normwerte oder Referenzwerte bestimmt werden sollen, lohnt eine Präzisierung der Stichprobe und die Wahl eines expliziten Stichprobenmodells. Damit lassen sich für die Interpretation der Testergebnisse und die Frage der Generalisierbarkeit wertvolle Grundsteine legen.

6.1 Fragebogen nach der Klassischen Testtheorie

Ein Fragebogen auf Basis der Klassischen Testtheorie (KTT) erfüllt die Gütekriterien eines psychometrischen Tests. Ein Test im Sinne der KTT ist „ein wissenschaftliches Routineverfahren zur Untersuchung eines oder mehrerer empirisch abgrenzbarer Persönlichkeitsmerkmale mit dem Ziel einer möglichst quantitativen Aussage über den relativen Grad der individuellen Merkmalsausprägung" (Lienert, 1969, S. 7) und lässt sich kennzeichnen durch Objektivität („Intersubjektivität"), Reproduzierbarkeit („Reliabilität") und Gültigkeit („Validität") der Messungen und Daten.

- **Objektivität** bezieht sich bei einem Fragebogen auf die Durchführung, die Auswertung und die Interpretation.
- Bei der **Zuverlässigkeit** oder **Reproduzierbarkeit** (Reliabilität) geht man davon aus, dass eine Person für den Testzeitpunkt und die situativen Bedingungen eine bestimmte Ausprägung in den Testwerten aufweist und diese Ausprägung durch den Test hinreichend exakt erfasst wird. Als Richtwert gilt hier ein Messfehleranteil, der unter 25%, maximal 30% der Testvarianz liegt. In der Klassischen Testtheorie wird die Reproduzierbarkeit über korrelative Verfahren geprüft. Damit bedeutet reproduzierbar oder reliabel immer nur reproduzierbar im Hinblick auf die Position in der Population (Stichprobe). Reproduzierbare Testwerte für ein Merkmal in einer bestimmten Situation besagen zudem noch nicht, dass damit das angestrebte Merkmal wirklich erfasst wurde. Will man beispielsweise den kognitiven Entwicklungsstand von Kindern über viele Indikatoren erfassen, so kommen Gewicht, Größe und Wissensfragen in Frage. Die ersten Daten sind sehr exakt reproduzierbar, messen jedoch den kognitiven Entwicklungsstand nicht direkt.
- Die **Gültigkeit** einer Messung ist bereits bei der Konstruktion der Fragen das leitende Ziel. Die Gültigkeit bezieht sich auf die inhaltliche Abbildung des Merkmals bzw. des Merkmalkomplexes durch die Frage-Antwort-Einheiten (Items) des Fragebogens. Dabei sollte das zu messende Merkmal möglichst repräsentativ in einem Itempool abgebildet werden. Die Gültigkeit kann z. B. ergänzend durch Korrelationen der Subtests untereinander und Korrelationen zu verwandten Konzepten empirisch getestet werden.

Die Konstruktivität und Kriterienvalidität von Fragebogen ist entscheidend für die Interpretation der Ergebnisse. Dennoch sind für viele Fragebogen zur Erfassung von individuellen Merkmalen wichtige Facetten zur konvergenten und diskriminanten Validität (korreliert der Fragebogen mit verwandten/„konvergenten" Konzepten hinreichend hoch und mit irrelevanten/„diskriminanten" Konzepten hinreichend niedrig) und zur inkrementellen Validität (d. h. zur Frage, ob ein Fragebogen zu den bereits bestehenden Verfahren einen relevanten neuen Beitrag leistet oder mindestens ein differenziertes Verständnis ermöglicht) nach wie vor unzureichend geklärt. Für Fragebogenverfahren im Bereich der Arbeits- und Organisationspsychologie ist die Situation noch erheblich kritischer, da es hier oft keine übergeordnete Konzeption zu organisationsrelevanten Personenmerkmalen gibt. Die Abbildung von Tätigkeitsmerkmalen oder auch von arbeitsbezogener Befindlichkeit ist demgegenüber theoretisch deutlich besser fundiert. Wichtig für die Bewertung eines Fragebogens zur Diagnostik von Merkmalen ist zudem die Frage, wie sich die Sensitivität und die Spezifität der Diagnose durch Einsatz des Fragebogens verändert („Diagnostizität").

Die Rolle theoretischer Konzeptionen zur Entwicklung von Fragebogen ist in den Kapiteln zur Itemerstellung und Itemauswahl behandelt worden. Fragebogen nach der Klassischen Testtheorie folgen der Idee, dass die Summe einer Gruppe von Frage-Antwort-Komplexen eine gute Annäherung an die zu messende Merkmalsausprägung ergibt. Diese Technik steht im Gegensatz zu Skalierungsverfahren, wie sie in der Psychophysik verwendet werden, bei denen die Merkmalsausprägung auf einer Skala durch einen einfachen oder mehrstufigen Urteilsvorgang abgebildet wird.

Die Technik der Klassischen Testtheorie, über den Mittelwert einer Reihe von Items die Merkmalsausprägung zu schätzen, hat den Vorteil, dass semantische Probleme einzelner Items „ausgemittelt" werden können. Zudem kompensieren sich Unschärfen bei der Beantwortung einzelner Fragen wechselseitig. Als Problem bleibt jedoch das Skalenniveau des Fragebogens bestehen und wird mit der Aussage „mindestens Ordinalskalenniveau" oftmals unterschätzt (Krauth, 1995). Bei hinreichend großer Itemzahl oder hohem Skalenniveau auf Itemebene erreichen gut konstruierte Fragebogen in der Regel mindestens Intervallskalenniveau. Die Bildung von sinnvollen Subtestwerten setzt voraus, dass der Fragebogen die (einfachen) Annahmen der Klassischen Testtheorie auch erfüllt.

6.2 Zuverlässigkeitskennwerte

Die Güte von Fragebogen kann im Detail immer nur im Hinblick auf die angezielten Einsatzbereiche beurteilt werden. Dies betrifft insbesondere die Art der Reliabilitätsschätzungen und die relevanten Validierungsstudien. Die oft zu lesende Plattitüde „der Fragebogen ist reliabel und valide" stimmt zwar meist – ist aber kaum eine gute Begründung, das Verfahren in einem spezifischen Projekt einzusetzen. Hier gilt es, die relevanten Facetten der Reliabilität und die projektrelevanten Validierungsstudien zu betrachten.

6.2.1 Reliabilität und Änderungssensitivität

In der Regel erfolgt die Prüfung der Items anhand der Kennwerte aus der Klassischen Testtheorie, wie sie z. B. bei Lord und Novick (1968) oder bei Krauth (1995) dargelegt sind. Die testtheoretischen Grundlagen sind z. B. bei Fischer (1974) auf wenigen Seiten zusammengefasst. Im Folgenden werden die Kennwerte stark inhaltlich orientiert betrachtet. Die Schätzung der Zuverlässigkeit im Sinne der „wahren Testvarianz" an der Messwertevarianz kann der Klassischen Testtheorie folgend über Paralleltests/multiple Testteilung oder über Testwiederholungen erfolgen. Die Schätzung der Zuverlässigkeit über den Kennwert „Cronbachs α" wurde bei der Subtestentwicklung bereits erläutert. Hohe Werte für die innere Konsistenz oder Homogenität sind mit dem Risiko der tautologischen Frageformulierung behaftet, die wiederum die Generalisierbarkeit auf das Merkmal und andere Aspekte der Gültigkeit einschränken kann.

6.2.2 Wiederholungszuverlässigkeit von Fragebogen/Subtests

Bei Testwiederholungen spielt der Zeitabstand der Messungen eine entscheidende Rolle. Bei längeren Zeitabständen kommt es zu Merkmalsfluktuationen, d. h. interindividuell unterschiedlichen Veränderungen (z. B. der Arbeitszufriedenheit). Bei kurzen Zeitabständen können Testungseffekte und Gedächtniseffekte das Ergebnis verzerren. Testungseffekte werden oft nicht angemessen in die Betrachtung einbezogen. Bereits bei physikalisch bestimmten Größen ist eine Testwiederholung nicht unproblematisch. Die Messung des Reifendrucks bei PKWs kann durch die Messung selbst zu einem fallenden Druck führen, wenn der Druckfühler das Ventil zu lange öffnet. Zwischen zwei Blutdruckmessungen nach Riva-Rocci sollte eine Pause von mindestens 5 Minuten eingelegt werden, damit sich die Gefäße von der Deformation durch die Druckmanschette erholen können und die Gegenreaktionen des Organismus abgeklungen sind.

Gerade bei Fragebogen kann die Messung selbst „reaktiv" sein. Dies äußert sich in Veränderungen der Mittelwerte, der Streuungen, aber auch in einer Änderung der

Subtestinterkorrelationen (und ggf. der Test-Retest-Korrelationen) über die Zeit. Empirisch wurde wiederholt beobachtet, dass sich für die zweite und dritte Wiederholung und auch weitere Messungen relativ stabile Korrelationsmuster zeigen. Dahingegen ist die Korrelationsstruktur zwischen erster und zweiter Messung und ggf. auch die Korrelation der Subtests untereinander deutlich verschieden. Dieser mittels linearer Strukturgleichungsmodelle auf Signifikanz prüfbare Effekt wird auch als **Sokrates-Effekt** (Nussbeck, Geiser, Courvoisier & Cole, 2007) bezeichnet. Ein Sokrates-Effekt entsteht, wenn die erste Konfrontation mit dem Itemsatz das Verständnis der Items (und des Merkmalsbereichs) bei den Befragten verändert. Ein Sokrates-Effekt lässt sich vermeiden oder zumindest stark reduzieren, wenn bei der Prüfung von Veränderungen und bei der Bestimmung der Wiederholungszuverlässigkeit statt der üblichen 2 Messzeitpunkte 3 oder 4 Messungen durchgeführt werden. Möglicherweise ist es sinnvoll, von einem Wiederholungseffekt (parallel zu Übungseffekten bei Leistungstests) bei Fragebogen auszugehen und insbesondere bei planmäßig häufigen Messwiederholungen einen „Einübungsdurchgang" vorzunehmen.

Messwiederholungen mit Fragebogen finden besonders bei längeren Intervallen zwischen den Messungen oft einen geänderten Status quo vor. Damit kann vor allem für zustandsbezogene Fragen davon ausgegangen werden, dass hohe Messwiederholungszuverlässigkeiten nur dann erzielbar sind, wenn die Bezugssituation (und der Bezugszustand) wieder in ähnlicher Weise wie bei der vorherigen Bewertung hergestellt werden kann oder vorliegt. Steht dies in Zweifel, stellt die Testwiederholungszuverlässigkeit eine deutliche Unterschätzung der Messgenauigkeit dar. Bei Messverfahren, die explizit aktuelle Zustandsvariablen der Person messen, oder bei Merkmalen, die stark vom Zustand abhängen, ist die Wiederholungszuverlässigkeit in der Regel deutlich niedriger als eine über die Testhalbierungszuverlässigkeit oder die interne Konsistenz bestimmte Zuverlässigkeitsschätzung.

Statistisch versierten AnwenderInnen sei empfohlen, Verfahren zur Analyse von linearen Abhängigkeiten einzubeziehen, wie sie in der Generalisierbarkeitstheorie von Cronbach, Gleser, Nanda und Rajaratnam (1972) vorgeschlagen werden oder z. B. im Latent-State-Trait-Modell anhand von linearen Strukturgleichungsmodellen mittels LISREL oder AMOS mit vertretbarem Aufwand nutzbringend durchführbar sind (Steyer, Schmitt & Eid, 1999). Gerade die Betrachtung von „Messmodellen" im Ansatz der linearen Strukturgleichungsmodelle zeigt eine Reihe von zusätzlichen Informationen über (z. T. erklärbare) Abhängigkeiten von Items auf (Backhaus, Erichson, Plinke & Weiber, 1994; Reinecke, 2005).

Die folgenden Überlegungen gehen davon aus, dass die Subtests bereits auf Basis einer der in Kapitel 2.5 diskutierten Methoden festgelegt wurden. An dieser Stelle sei nochmals darauf hingewiesen, dass zur Beschreibung der testtheoretischen Kennwerte möglichst eine eigene Stichprobe zu erheben ist.

Bei Verwendung desselben Datensatzes können z. T. massive Überschätzungen der Kennwerte auftreten. Ein typischer Fehler ist die Berechnung der internen Konsistenz am selben Datensatz, mit dem die Subtests gerade zuvor faktorenanalytisch ermittelt wurden. Hier kommt es zwingend zu einer Überschätzung durch Kapitalisierung von Messfehlern. Wird derselbe Datensatz verwendet, kommt es zu einer erheblichen Überschätzung aller korrelativ bestimmten Kennwerte (Iteminterkorrelationen innerhalb des Subtests, Trennschärfekoeffizienten, der Subtesthomogenitätskennwerte, z. B. Cronbachs α). Der einfache Grund hierfür liegt neben der Kapitalisierung der Messfehler in der wiederholten Auswirkung von Stichprobeneffekten und Ausreißern. Bei faktorenanalytisch gebildeten Subtests ist es zwingend, eine neue Stichprobe zu verwenden oder zumindest statistische Kontrolltechniken für Stichprobenfehler wie das sog. „Jack-Knifing" (Krauth, 1995, S. 314ff.) einzusetzen. Eine weitere Option ist, bei hinreichend großen Stichproben die Testentwicklung an einer zufällig gezogenen Teilstichprobe vorzunehmen und die Testkennwerte des endgültigen Fragebogens an der „Hauptstichprobe" (ohne die Teilstichprobe der Konstruktion) zu bestimmen.

Für einen guten Fragebogen sollte zumindest einer der Reliabilitätsschätzwerte den Wert von r = .7 erreichen. Deutlich höhere Werte sind für die innere Konsistenz oft nicht wünschenswert. Extrem hohe Werte bei der Testwiederholungszuverlässigkeit sprechen für geringe Änderungssensitivität. In einigen Fällen ist es sinnvoll, die Reliabilität gemeinsam mit der Validität zu betrachten.

6.3 Validität

Die Frage, ob ein Fragebogen wirklich das Merkmal erfasst, welches er messen soll, ist sehr komplex und weist eine Vielzahl von Facetten auf. Positive Ergebnisse aus empirischen Validierungsstudien bergen das Risiko von Fehlinterpretationen und Übergeneralisierungen. Probleme mit der Validität stellen ein Grundproblem (psychologischer) Diagnostik und Eignungsbeurteilung dar und sind in entsprechenden Lehrbüchern (z. B. Jäger & Petermann, 1999) ausführlich dargestellt. Bei der Konzeption von Fragebogen lässt sich mit einer hinreichend präzisen Definition und Operationalisierung des zu messenden Merkmalsbereichs eine Reihe von Validitätsproblemen vorzeitig reduzieren. Diese fragebogenspezifischen Probleme der Validierung werden im Folgenden erläutert. Zentral validitätsmindernde Faktoren sind systematische Messfehler. Diese gilt es bei der Fragebogenentwicklung zu reduzieren.

6.3.1 Systematische Verzerrungen

Systematische Verzerrungen von Antworten gefährden die Validität zusätzlich zu den in Kapitel 3.2 behandelten Antworttendenzen. Solange Antworttendenzen unabhängig vom erfassten Merkmal bleiben, erhöhen sie nur den zufälligen Messfehler und senken die Reliabilität. Antwortverzerrungen *(response biases)* gefährden die Validität, da sie in der Regel den erfassten Merkmalsbereich mit betreffen. Verzerrungen können sich aber auch durch die Hypothesen der Antwortenden über das zu messende Merkmal oder über den Zweck einer Datenerhebung ergeben. Die Tendenz zur positiven Selbstdarstellung der Antwortenden in Richtung sozialer Erwünschtheit wurde bereits im Kontext der Itemformulierung behandelt.

Eine Veränderung der Sichtweise der Antwortenden kann sich auch durch die Auseinandersetzung mit den Fragen selbst ergeben. Dieser oben bereits erwähnte Effekt für Messwiederholungen („Sokrates-Effekt") beschreibt die Änderungen der Faktorenstruktur von Fragebogen ab der zweiten Durchführung. Nach der ersten Durchführung ändern sich aufgrund der gestellten Fragen die Sichtweise zum Konzept oder das Verständnis der gestellten Fragen.

Möglicherweise tragen eine transparente Gestaltung von Fragebogen und eine transparente Aufklärung über den Erhebungszweck bei, Verfälschungen zu reduzieren. So wurde für eignungsdiagnostische Situationen von Schuler vorgeschlagen, die Messung „sozial valide" vorzunehmen. Dieses Validitätskriterium ist ähnlich wie „ökologische Validität" keine klassische psychometrische Validitätskategorie. Soziale Validität trägt aber bei, die validitätsmindernden systematischen Verzerrungen zu reduzieren.

6.3.2 Soziale Validität

Soziale Validität bezieht sich ursprünglich auf die Akzeptanz von Personalauswahlverfahren (Schuler & Stehle, 1985). Es lohnt sich eine Übertragung des Konzepts auf Fragebogen(-erhebungen), da bei fehlender Akzeptanz von Fragebogen fehlende Daten oder Verzerrungstendenzen zu erwarten sind. Die soziale Validität ist in der Regel dann gegeben, wenn folgende Kriterien erfüllt sind:
- Information
- Transparenz
- Partizipation
- Entscheidungskommunikation/Feedback

Mit Ausnahme der Partizipation, die sich nur im Rahmen der Konzeption von Befragungsinstrumenten oder der Konzeption eines Projektes umsetzen lässt, sind die Kriterien auf die Durchführung von Fragebogenerhebungen leicht übertragbar und tragen erfahrungsgemäß zu Rücklaufquoten oberhalb von 50% der Befragungspopulation bei Studien in Betrieben und Organisationen bei. Die Kriterien zur sozialen Validität sind vor allem beim Einsatz von Fragebogen im betrieblichen Kontext wichtig. Eng verbunden mit der sozialen Validität ist die Augenscheinvalidität der Items.

6.3.3 Augenscheinvalidität

Die Augenscheinvalidität ergibt sich aus dem Urteil von Personen (im günstigsten Fall ExpertInnen), dass sich die Fragen in plausibler Weise auf einen bestimmten Merkmalsbereich beziehen. Verletzungen der Augenscheinvalidität reduzieren die Transparenz der Messungen und reduzieren so die Bearbeitungsmotivation, weil Gedanken wie „Was soll diese (dumme) Frage?" wahrscheinlich werden.

Ein wichtiger Bereich betrifft Items oder Subtests, die systematische Fehlervarianz aus den Testwerten aufklären und eliminieren können (Suppressorvariablen). Wurde ein Subtest mit Suppressoritems entwickelt, ist eine Verletzung der Augenscheinvalidität konzeptbedingt gegeben (vgl. Lienert, 1969, S. 393f.). Für Fragebogen wird empfohlen, auf Suppressoritems zu verzichten oder Subtests für Suppressorbereiche statt nur Suppressoritems zu entwickeln, also statt „Lügenitems" einen Subtest für „Offenheit" zu entwickeln.

Andererseits wird der Augenscheinvalidität der Items von den Antwortenden und ProjektpartnerInnen aus der Praxis oft ein (zu) großes Gewicht beigemessen. Die in Kapitel 3 diskutierte Bewertung von Items durch ExpertInnen stellt einen konstruktiven Beitrag zur Sicherung der inhaltlich relevanten Augenscheinvalidität dar. Personen ohne Wissen über die Konstruktionsprinzipien eines Fragebogens übersehen in der Regel, dass die Subtests die relevante Messinformation beinhalten und nicht die Items. Hier lohnt es ggf., den Unterschied zwischen Fragebogen und Bogen mit Fragen (die itemweise einzeln ausgewertet und interpretiert werden) zu erläutern, ansonsten können Bedenken von Befragten oder AuftraggeberInnen wenig relevant oder auch fehlleitend sein. Gerade bei MitarbeiterInnenbefragungen oder ähnlichen Projekten, bei denen die Befragungsinstrumente von den VertreterInnen der MitarbeiterInnen ebenso wie von der Geschäftsführung freizugeben sind, muss transparentes Verständnis dafür geschaffen werden, dass augenscheinlich nicht unmittelbar relevante Items oder Subtests dennoch zur Abbildung des Merkmals von hoher Bedeutung sein können. Umgekehrt können augenscheinlich exakt „passende" Items unbrauchbar zur Messung von Merkmalsausprägungen sein, wie weiter oben am Beispiel von Items mit extremer Schwierigkeit bereits deutlich geworden ist. Mit einfachen, verhaltensnahen Items ergeben sich in der Regel kaum Probleme hinsichtlich der Augenscheinvalidität.

6.3.4 Konstruktvalidität

Die Konstruktvalidität wird klassischerweise über die Interkorrelationen der Subtests und deren faktorielle Struktur sowie anhand der Korrelationen zu merkmalsrelevanten anderen Fragebogenverfahren geprüft. Die Subtestinterkorrelationen sollten „theorie- oder konzeptkonform" sein sowie dem Wissen und anderen empirischen Ergebnissen zum Merkmalsbereich entsprechen. Bei wissenschaftlichem „Neuland" sind unerwartete Ergebnisse zur Konstruktvalidierung zu replizieren. Dieses Vorgehen schützt vor „voreiligen" neuen theoretischen Konzeptionen.

Ein interessantes Beispiel stellt die relative Unabhängigkeit der Beanspruchungsscores gegenüber den Erholungsscores im EBF dar. Dieses Ergebnis konnte an einem breiten Spektrum von Stichproben repliziert werden und korrespondiert mit Ergebnissen von Diener und Emmons (1984) sowie Kim-Prieto, Diener, Tamir, Scollon und Diener (2005) zur relativen Unabhängigkeit von positiven und negativen Stimmungen. Die Skalierung im EBF, nämlich die Häufigkeit in den letzten Tagen, scheint wesentlich für dieses Ergebnis mitverantwortlich zu sein und macht es auch einfach erklärbar. Damit liegt ein weiterer Hinweis darauf vor, wie stark Ergebnisse durch die Itemstruktur (hier Antwortmodus „Häufigkeit") bestimmt werden.

Bei den Korrelationen zu anderen Verfahren ist zwischen den theoriekonformen positiven (und ggf. hohen) Korrelationen als **konvergente Validität** und den theoriekonformen niedrigen Korrelationen als **diskriminante Validität** zu unterscheiden. Aus dem Muster der konvergenten und diskriminanten Validitäten lässt sich entscheiden, ob ein Fragebogen mit den von ihm erfassten Merkmalen etwas wesentlich „Neues" beiträgt, d. h. **inkrementelle Validität** besitzt. Die inkrementelle Validität lässt sich am besten direkt in einer multiplen Regression testen, wenn die zentralen sonstigen Verfahren gemeinsam mit dem (neuen) Fragebogen an einer größeren Stichprobe erhoben worden sind. Im Rahmen der Konstruktvalidierung haben lineare Strukturgleichungsmodelle besondere Bedeutung erlangt. Über sog. latente Variablen aus den linearen Strukturgleichungsmodellen lassen sich sehr präzise die Modellstrukturen zur Konstruktvalidierung und zu den Beziehungen der Merkmalsfacetten zueinander darstellen und analysieren. Komplexe, nichtlineare Zusammenhänge lassen sich jedoch auch damit nicht abbilden, und komplexe hierarchische Beziehungen müssen a priori definiert werden. Dieser „Mangel" wird leider nicht in allen empirischen Arbeiten zur Konstruktvalidierung beachtet, wie z. B. Publikationen von NutzerInnen des EBF-Sport zeigen, die den konzeptionell modularen Aufbau des EBF-Sport nicht im Strukturmodell spezifizieren und dann aus dem Pool von spezifischen und unspezifischen Beanspruchungs- und Erholungsitems „neue" Faktorenstrukturen „entdecken" (Davis, Orzeck & Keelan, 2007).

6.3.5 Kriterienvaliditäten

Kriterienvaliditäten stellen die Basis für die Anwendung eines Fragebogens bei Evaluationsprojekten und in der Diagnostik dar. Hierbei kann es sich um regressionsanalytische Studien und experimentelle Validierungen oder um typenanalytische Studien handeln. Bei der Bestimmung von Kriterienvaliditäten ist zu beachten, dass durch den häufigen Wechsel von Messebene, Messperspektive und Änderungssensitivität auf Seiten der Kriterien ein erheblicher Anteil an Methodenvarianz die Ergebnisse beeinflussen kann. Methodenvarianz ergibt sich durch die Tatsache, dass Fragebogen, Leistungstest, psychophysiologische Messungen, Beobachtungen, Interviews etc. Realitäten aus einer methodenspezifischen Perspektive, mit einem methodenspezifischen Auflösungsgrad und methodenspezifischen systematischen Messfehlern erfassen. So sind hoch automatisierte Handlungsteile der Selbstbeobachtung nicht gut zugänglich und werden bei Selbstbeschreibungsverfahren wie Fragebogen weit weniger gut abgebildet als durch Beobachtungen, Experimente und Fremdbeurteilungen. Gedächtniseffekte verzerren systematisch retrospektive Fragebogenantworten. Die Methodenvarianz kann über sog. „Multi-Trait-Multi-Method"-Analysen (Campbell & Fiske, 1959; Laux & Glanzmann, 1996) angemessen abgeschätzt werden. Die oft sehr niedrigen Korrelationen physiologischer Emotions- und Stressindikatoren mit Fragebogendaten sind zum erheblichen Teil auf Methodenvarianz zurückführbar.

In der Eignungsdiagnostik wird in letzter Zeit insbesondere bei Metaanalysen das sog. Attenuierungsproblem bei Validitätsstudien systematisch betrachtet. Das Attenuierungsproblem thematisiert den Befund, dass die Korrelation zwischen Fragebogenwerten und Kriterien immer nur eine untere Abschätzung des Zusammenhangs darstellt, weil sowohl der Fragebogen als Prädiktor als auch das Validitätskriterium mit z. T. substantiellen Messfehlern behaftet sind. Die doppelte Attenuierungskorrektur schätzt durch arithmetische Eliminierung beider Messfehler die obere Grenze der Korrelationen zwischen Prädiktor und Kriterium ab. Das Gesamtbild ergibt sich dann aus einer Betrachtung der unkorrigierten mit den korrigierten Korrelationen. Eine Korrektur der Zusammenhänge um die Messfehler findet auch bei Analysen im linearen Strukturgleichungsmodell statt, wenn entsprechende Definitionen der manifesten und latenten Variablen vorgenommen werden.

Von besonderer Bedeutung für die Kriterienvalidität von Fragebogen sind vor allem Evaluationsstudien und experimentelle Untersuchungen. Sie liefern die Basis für den praktischen Einsatz von Fragebogenverfahren und angemessene Interpretationen der gemessenen Subtestwerte.

6.3.6 Nützlichkeit und Ökonomie

Die Nützlichkeit eines Fragebogens und die Ökonomie wurden von Lienert (1969) noch unter „Nebengütekriterien" behandelt. Danach ist ein Test dann nützlich, „wenn er ein Persönlichkeitsmerkmal misst, für dessen Untersuchung ein praktisches Bedürfnis besteht …". Ersetzt man „Persönlichkeitsmerkmal" durch „Merkmal", trifft die Definition auch den nützlichen Fragebogen. Ökonomie betrifft nach Lienert die Durchführungszeit, Materialbedarf, Handhabung und Auswertung sowie die Durchführbarkeit in Gruppen. In der heutigen, auf kurzzeitige Effizienz konditionierten westlichen Gesellschaft stellen die ehemaligen Nebengütekriterien zentrale Aspekte der Bewertung von Fragebogen dar und sind möglicherweise auch Ursache für die Flut an psychometrisch unbrauchbaren oder fragwürdigen Entwicklungen. Ökonomie und Nützlichkeit weisen zurück auf die eingangs gestellte Frage: „Was soll mit dem Fragebogen zu welchem Zweck erfasst werden?" Ein kurzes Screeningverfahren hilft sehr gut, Bereiche mit Potenzial und Problemfelder zu identifizieren. Ein solches Verfahren stellt beispielsweise der auf Basis des Erholungs-Belastungs-Fragebogens entwickelte RISCO (Kallus, Uhlig & Kraxner, 2001) dar, der erlaubt, OperationspatientInnen mit einem für die Operation kritischen psychischen Gesamtzustand zu identifizieren. Ein solches Screening erlaubt jedoch nicht die Ableitung von spezifischen Interventionen, wie es für ein Monitoringinstrument oder Prozessforschungsinstrument notwendig ist. Ein gut einsetzbares Instrument zum Monitoring des psychophysischen Beanspruchungszustands im Leistungssport stellt der EBF-Sport/RESTQ-Sport (Kellmann & Kallus, 2000; 2001) dar. Hier werden die Problembereiche im Profil identifiziert und erlauben die Ableitung von Themen für ein Coaching-Gespräch mit den SportlerInnen. Soll ein entsprechendes Problemfeld ohne Option für ein klärendes Gespräch im Bereich einer Evaluation oder der Forschung differenziert erfasst werden, ist eine hohe Zuverlässigkeit jedes Subtests sicherzustellen und damit nur ein Verfahren mit hoher Subtestzuverlässigkeit „nützlich". Dies gilt auch bei Rückmeldungen von Studienergebnissen durch kurze Rückmeldegespräche (vgl. Kapitel 7.3).

Aus den Überlegungen sollte deutlich geworden sein, dass ein möglichst kurzer Fragebogen bei vielen Fragestellungen nicht besonders nützlich ist. Zudem ist es auch nicht unbedingt ökonomisch, wenn die Ansätze zur Optimierung anschließend erst in Interviews, diagnostischen Gesprächen oder Workshops eruiert und geklärt werden müssen, deren Ergebnisse im Hinblick auf die Reproduzierbarkeit und Gültigkeit mit unbekannten Fehlern behaftet sind.

6.4 Alternativen und Ergänzungen zur Klassischen Testtheorie

Ein Grundproblem der Klassischen Testtheorie stellt die fehlende messtheoretische Konzeption dar. Die Klassische Testtheorie geht von einfachen Annahmen aus, den sog. Axiomen der Klassischen Testtheorie (vgl. Fischer, 1974). Diese Annahmen erlauben eine Reliabilitätsprüfung und eine Bestimmung von unterschiedlichen Schätzwerten für die Messgenauigkeit sowie eine Analyse des Betrags, den einzelne Items zur Messgenauigkeit eines (Sub-)Tests liefern. Für diese Schätzungen ist nur die Annahme der Unabhängigkeit der Messfehler untereinander und von den „wahren" (Sub-)Testwerten notwendig. Gleichwohl gehen die Schätzungen davon aus, dass die den Berechnungen zugrunde liegenden Korrelationen sinnvolle Statistiken für die Itemwerte darstellen. Versteht man sinnvolle Statistiken im Sinne der Skalierung (vgl. Kapitel 3.4.3), so setzen die Berechnungen mindestens Intervallskalenniveau (der Items!) voraus, da immer wieder Produkt-Moment-Korrelationen und Varianzen in die Formeln eingehen. Diese implizite Annahme wird jedoch in der Klassischen Testtheorie weder formuliert, noch wird sie im Rahmen der Itemselektion oder Testkonstruktion überprüft. Theoretisch offen bleibt im klassischen Testmodell auch das Skalenniveau der Subtestwerte. Daher ist es sinnvoll, alternative Modelle zur Klassischen Testtheorie in Betracht zu ziehen. Zumindest sollten bei Testentwicklungen die neueren Entwicklungen zur Prüfung der Gültigkeit der Axiome in der Klassischen Testtheorie systematischer einbezogen werden. Fragebogen nach der Klassischen Testtheorie weisen den Vorteil auf, dass keine A-priori-Annahmen über die Beziehungsstruktur des Merkmalsbereichs notwendig sind. Für jedes Einzelmerkmal stellt Eindimensionalität eine sinnvolle (aber nicht zwingende) Annahme dar. Wenn nur ein eindimensionales Merkmal zu messen ist, bieten sich alternative Konstruktionsprinzipien an. Für eindimensionale Merkmale und Fragestellungen ohne diagnostisch relevante Details sind Entwicklungen nach dem logistischen Modell von Rasch für dichotome und geordnete Antworten (vgl. Fischer, 1974; Rost, 2004) eine sinnvolle Alternative, die in der Regel zu einem sehr ökonomischen Verfahren führt. Für komplexe Merkmale kann über lineare Strukturgleichungsmodelle eine bedeutsame Verbesserung von Verfahren erreicht werden, die nach der Klassischen Testtheorie entwickelt wurden. Vorsicht ist aber auch hier bei einer konzeptfernen, schematischen Anwendung der Methode geboten.

In den folgenden Abschnitten werden die Konzepte der Probabilistischen Testtheorie und die Optionen der Modellprüfung mittels linearer Strukturgleichungsmodelle kurz vorgestellt.

6.4.1 Probabilistische Testtheorie

Die Fragebogenkonstruktion nach dem probabilistischen Ansatz geht von einer eindimensionalen Merkmalsausprägung aus und stellt Frage-Antwort-Komplexe (Items) zusammen, die sich bezogen auf die Merkmalsausprägung systematisch (rang-)ordnen lassen. Die Ordnung der Items und die Unterscheidbarkeit von Merkmalsstufen werden bei der Testkonstruktion überprüft. Im Unterschied zu Fragebogen nach der Klassischen Testtheorie wird die Itemschwierigkeit (Itemmittelwerte) bei der Testkonstruktion systematisch einbezogen. Das Fragebogenverfahren zum Konflikteskalationsmodell von Glasl (IKEAr; Kolodej, Voutsinas, Jiménez & Kallus, 2005) wird als Beispiel (für einen Test mit dichotomem Ja/Nein-Antwortformat) herangezogen. Eine Analyse nach dem elementaren probabilistischen Modell von Rasch (1960, 1966) bot sich bei einem a priori eindimensionalen Konzept wie dem Ausmaß der Konflikteskalation angelehnt an das Modell von Glasl (2004) besonders an. Auf der Basis des Modells lassen sich relativ präzise Aussagen zum Ausmaß der Merkmalsausprägung und zur Formulierung von Items ableiten, die diese Merkmalsausprägung gestuft wiedergeben. Eine Analyse der Items nach der an der Skalierung von Merkmalen orientierten Probabilistischen Testtheorie (vgl. Fischer, 1974; Rost, 2004) bot gleichzeitig die Möglichkeit, die Stufen und die theoretisch angenommene Eindimensionalität des Glasl-Modells empirisch zu validieren (vgl. Kolodej et al., 2005).

Die probabilistischen Modelle zur Prüfung der Güte von Tests nutzen die vorliegende Information besser aus als Tests nach der Klassischen Testtheorie und erlauben eine Prüfung des Messmodells. Die Wahl dieses Modells ist vor allem dann günstig, wenn die Merkmalsausprägung auf einem Kontinuum abzubilden ist. Je nach Itemkonzeption werden unterschiedliche probabilistische Modelle herangezogen (vgl. Rost, 2004). Das Prinzip wird am logischen Modell von Rasch (1960) sehr deutlich, welches auf einfachen Ja/Nein-Antworten beruht.

Prinzipiell werden Items formuliert, die einem Merkmal (z. B. Konflikteskalation) in unterschiedlichem Ausmaß entsprechen. Items, die eine niedrige Ausprägung widerspiegeln, stellen „leichte" Items dar. Ein Beispiel für ein leichtes Item aus dem Inventar zur Erfassung der Konflikteskalation (Kolodej et al., 2005) ist „Ich setze mich mit der Meinung meines Gegenübers auseinander" („ja/nein"). Ein schwieriges Item, welches einer mittleren Eskalationsausprägung entspricht, ist z. B. „Ich habe Angst, das Gesicht zu verlieren" („ja/nein").

Die Itemschwierigkeit kann als Gewicht für die Bestimmung des Testscores herangezogen werden. Mit einer solchen Gruppe von „gewichteten" Items und dem daraus gebildeten gewichteten Mittelwert der Ja-Antworten lässt sich das Ausmaß der Konflikteskalation besser abbilden als über die mittlere Zahl der mit Ja beantworteten Items.

Eine Erweiterung dieses Prinzips auf mehrfach gestufte Items ist ebenfalls möglich (Birnbaum, 1968; vgl. Rost, 2004). In jedem Fall sollte das zu messende Merkmal hinreichend gut empirisch beschrieben sein, um entsprechende Items zu generieren. Nichtmonotone Items deuten auf Mehrdimensionalität hin und werden in der Regel bei der Skalenkonstruktion eliminiert. Ausführliche Literatur findet man bei Rost (2004).

Zusammenfassend lässt sich festhalten, dass in Modellen der Probabilistischen Testtheorie über einfache Zustimmungsurteile (bei Leistungstests „gelöst/nicht gelöst") die Merkmalsausprägung in Abhängigkeit von der Itemschwierigkeit abgebildet wird. Bei eindimensionalen Merkmalen ist das probabilistische Testmodell eine wichtige Alternative zur Klassischen Testtheorie, mit dem großen Vorteil, dass die Modellannahmen einer expliziten Prüfung unterzogen werden.

6.4.2 Lineare Strukturgleichungsmodelle

Eine weitere Alternative bzw. Ergänzung zur Klassischen Testtheorie stellt die Prüfung von Subtests im linearen Strukturgleichungsmodell dar. Im linearen Strukturgleichungsmodell werden das zu erfassende Merkmal und seine Facetten als theoretische Variablen definiert. Diese theoretischen (oder „latenten") Variablen werden durch empirische Daten (bei Fragebogen: Items) geschätzt. Die empirischen Daten heißen in der Terminologie der linearen Strukturgleichungsmodelle „manifeste" Variablen. Die manifesten Variablen werden analog zur Zerlegung der Messwerte in der Klassischen Testtheorie (in „wahren Wert" und „Fehler") in einen latenten Anteil und einen Messfehler zerlegt. Nur die latenten Anteile dürfen mit anderen Variablen korreliert sein; für die Messfehler gilt wie für die Klassische Testtheorie die Annahme der Unabhängigkeit untereinander und die Unabhängigkeit von (allen) anderen latenten Variablen. Definiert man ein lineares Strukturgleichungsmodell für Items und den Subtest, erhält man ein sog. Messmodell für den Subtest. Diese Messmodelle ergeben Gewichte der Items für ihren Beitrag zur latenten Subtestvariable (analog zu den Trennschärfekoeffizienten in der Itemanalyse der Klassischen Testtheorie). Fehlervarianz ist hier die gesamte nicht zum Subtest beitragende Varianz. Im Unterschied zur Klassischen Testtheorie lässt sich über das iterative Verfahren der Modellanpassung durch lineare Strukturmodellgleichungen nun prüfen, ob die angenommene Zerlegung der manifesten Variablen in den Beitrag zur latenten Variablen und den Messfehlern angemessen ist. Die Analyse schlägt in der Regel noch Modifikationen des Modells zur Optimierung der Modellpassung vor. Dies betrifft insbesondere Korrelationen zwischen den Messfehlervariablen. Hier „rächt" sich, wenn die Items eines Subtests nicht konsequent entwickelt wurden. Für positiv und negativ gepolte Items zeigen sich in der Regel „gemeinsame" Varianzen, die nichts mit dem Merkmal zu tun haben. Dies manifestiert sich in abhängigen Messfehlern und in einer schlechten Modellpassung.

Für den Subtest „Übermüdung/Zeitdruck" des EBF-48/7 mussten die Messfehlerkorrelationen zur Modellanpassung freigegeben werden (Abbildung 7). Item 16 „… hat mich die Arbeit stark ermüdet" und Item 25 „… war ich nach der Arbeit todmüde" weisen vor der Formulierung mit dem unmittelbaren Bezug zu „Arbeit" eine hohe Ähnlichkeit untereinander auf, die sie mit den Items 2 „… hatte ich zu wenig Schlaf" und 35 „… war ich übermüdet" nicht teilen. Ähnlichkeiten dieser Art manifestieren sich in „korrelierten Messfehlern".

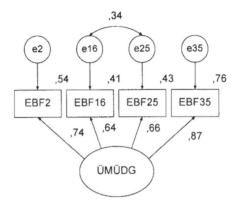

Abbildung 7: Messmodell des Subtests Übermüdung/Zeitdruck (N = 90) des Erholungs-Belastungs-Fragebogens EBF-48/7 (Dirnberger, 2009, S. 116)

Lineare Strukturgleichungsmodelle erlauben neben der Prüfung der Subtests auch die Untergliederung und Zusammenfassung von Subtests zu überprüfen. So wurde die Entwicklung der Parallelformen des Erholungs-Belastungs-Fragebogens (EBF-24-A/3 und EBF-24-B/3) anhand von Strukturgleichungsmodellen mittels LISREL vorgenommen.

Neben der Prüfung von Messmodellen eignen sich lineare Strukturgleichungsmodelle auch zur Prüfung der Frage, ob die Zuordnung von Subtests zu Bereichssubtests und zu Gesamtwerten sinnvoll ist. Über die Prüfung von Messmodellen hinaus eignen sich Modellprüfungen mit der Methode der linearen Strukturgleichungsmodelle auch zu Analysen in Fragebogensystemen und natürlich zur Prüfung von Zusammenhängen über die Zeit (z. B. zur Frage der Stabilität der Faktorenstruktur über die Zeit) und zur Prüfung der Annahmen zur Situationsspezifität und zu State-Trait-Konzepten (Steyer, Majcen, Schwenkmezger & Buchner, 1989).

An diesem Thema interessierte LeserInnen seien auf das Lehrbuch von Moosbrugger und Keleva (2007) verwiesen.

6.4.3 Entscheidung zwischen unterschiedlichen testtheoretischen Ansätzen

Mit den unterschiedlichen testtheoretischen Modellen lassen sich Güterkriterien für Fragebogen bestimmen. Die Auswahl des Modells sollte sich aus der Beschreibung und Operationalisierung des zu messenden Merkmals und den Anforderungen an die Messungen ergeben.

1. **Lineare Skalierung von Items**
Soll ein isoliertes, eindimensionales, erfahrungsnahes Merkmal wie „physische Erschöpfung" gemessen werden, empfiehlt sich die Entwicklung eines einfachen Skalierungsverfahrens nach den Regeln der linearen Skalierung. Das Merkmal muss erfahrungsnah sein, da es wie bei einer psychophysischen Skala eine eindeutig zuzuordnende Erfahrungsdimension geben sollte. Ist eine Skala über ein Ratingverfahren oder mehrere Verhaltensweisen definiert oder ist die Frage der Dimensionalität nicht sicher beantwortbar, wird im besten Fall ein Skalierungsmodell mit systematischen Paarvergleichen verwendet (Orth, 1983). Skalierte Items sind für sich interpretierbar und können als Einzelitems vorgegeben werden. Listen skalierter Items wären ein „Bogen mit Fragen" höchster Qualität. Sind die Antwortkategorien nicht auf ihre Skalenqualität geprüft („Bogen mit Fragen" mit mangelhafter Qualität), sollten die Antwortkategorien qualitativ betrachtet werden.

2. **Probabilistische Auswertungsmodelle**
Arbeiten mit Items eines eindimensionalen Konzepts erlauben Modellprüfungen zur Eindimensionalität und zur sog. Populationsunabhängigkeit („spezifischen Objektivität") der Messungen. Sie sind zwischen Skalierungen und mehrdimensionalen Auswertungsmodellen anzusiedeln.

3. **Mehrdimensionale Konzepte**
Für Merkmale mit unterschiedlichen Facetten erlaubt die Klassische Testtheorie nach wie vor eine Fragenbogenentwicklung ohne größeren methodischen Aufwand (Bühner, 2004). Die resultierenden Fragebogen mit mehreren Subtests können im Kalkül der Klassischen Testtheorie auf Objektivität, Zuverlässigkeit und Validitäten geprüft werden. Die Kombination der Klassischen Testtheorie mit Faktorenanalysen erlaubt eine rationale Entwicklung von Fragebogen hinreichender Qualität. Sind deutliche Verletzungen der Annahmen zum Skalenniveau gegeben, kann auf Modelle mit geordneten Kategorien zurückgegriffen werden (Krauth, 1995; Rost, 2004). Für Forschungsfragestellungen und sehr präzise Fragebogenanalysen setzt sich mehr und mehr der Einsatz linearer Strukturgleichungsmodelle durch (Moosbrugger & Keleva, 2007), während sich Auswertungen im Rahmen der Generalisierbarkeitstheorie von Cronbach et al. (1972) nicht etablieren konnten.

7 Fragebogen in der Praxis

Standardisierte Befragungen mit Fragebogen stellen eine wichtige Säule im Methodenrepertoire der Psychologie, der Pädagogik, der Sozialwissenschaften, der Markt- und Meinungsforschung, der Qualitätssicherung, des Marketings und weiterer Bereiche wie z. B. der Organisationsentwicklung dar. Ein Fragebogen ist nur eine von vielen Optionen der Datenerhebung. Selbst bei Befragungen lässt sich alternativ eine Reihe von Interviewmethoden (einzeln/Gruppen; persönlich oder medienvermittelt) einsetzen. Die Wahl der Befragungsmethode sollte immer explizit erfolgen und es sollte deutlich geworden sein, dass neben einem psychometrischen Fragebogen auch Bogen mit (einzeln zu interpretierenden) Fragen sinnvoll sein können. Fast zu jedem Qualitätsprodukt wird heutzutage eine Kundengruppe gebeten, einen Bogen mit Fragen zur Nutzung und Zufriedenheit zu beantworten. Fragen werden neben schriftlichen Befragungen im Papier-Bleistift-Format auch im Rahmen von Internetbefragungen direkt in elektronischer Form oder im Rahmen standardisierter Interviews mündlich im persönlichen Dialog oder Telefoninterview vorgegeben. In den meisten Fällen steht ein qualitativ orientiertes Interesse im Vordergrund. Leider wird oft genug so getan, als ob man Fragebogenergebnisse hätte, die eine zuverlässige Basis für Schlussfolgerungen und Entscheidungen erlauben. So werden Fragen zur Zufriedenheit mit Produkten unmittelbar nach „Augenschein" interpretiert. In den meisten Fällen fehlt den qualitativ orientierten Befragungen eine Systematik bei der Festlegung der Fragen und Antworten, wobei oft „Anleihen" bei standardisierten Verfahren genommen werden. Internationale Normen beginnen, für einzelne Merkmalsbereiche diesem „Wildwuchs" Einhalt zu gebieten. So legt die internationale Norm ISO 10075-3 für Belastung und Beanspruchung Maßstäbe für die **quantitativ orientierte Erfassung** von Beanspruchung fest. Damit kann hier ein Bogen mit Fragen nicht mehr verwendet werden, der nur den „Augenschein" eines Fragebogens vortäuscht.

Sowohl bei der qualitativ orientierten Befragung als auch bei den standardisierten Verfahren sollten Fragen und die zugehörigen Antworten so gestellt sein, dass jede/r Antwortende die zutreffende Antwortkategorie unmittelbar angeben kann – ohne über den Inhalt oder die Abstimmung von Frage und Antwort lange nachdenken zu müssen.

Beispiele für problematische Fragen sind unterschiedliche Dimensionen in Frage und Antwort. Diese Schwäche ist sowohl in qualitativ orientierten Fragen als auch in Fragebogen weit verbreitet. Für jede Art der Befragung gilt als Fehler, die entscheidenden Fragen nicht oder undifferenziert zu stellen sowie die Antwortenden mit einer großen Menge überflüssiger Fragen zu „belästigen". Wenn immer möglich, sollte zudem vermieden werden, die Befragten über das eigentliche Ziel der Befragung im Unklaren zu lassen oder gar zu täuschen.

7.1 Fragebogen, Interview, Verhaltensbeobachtung

Fragebogen erlauben es, in ökonomischer Form große Gruppen von Personen zu untersuchen und auch systematische Wiederholungen von Befragungen vorzunehmen. Die zahlenmäßige Repräsentation von Merkmalsausprägungen ermöglicht dann die statistischen Vergleiche.

Differenzierte Aussagen zum Individuum und Analysen von komplexen Bedeutungszusammenhängen oder komplexen „Wechselspielen" von Merkmalen sind in der Regel durch Interviews deutlich besser erfassbar, wie auch die komplexeren Interaktionen von Personen besser im Interview erfragt werden sollten.

Noch einmal sei darauf hingewiesen, dass sehr persönliche und vertrauliche Informationen im Interview und nicht in Fragebogen zu erheben sind. Auch Verhaltensweisen, die gegebenen Regeln oder Gesetzen zuwiderhandeln („Wie oft telefonieren Sie während des Autofahrens mit dem Handy?" – „niemals ... sehr oft") gehören nicht in einen Fragebogen, der im Rahmen von MitarbeiterInnenbefragungen eingesetzt wird. Der Appell „Bitte beantworten Sie alle Fragen offen und ehrlich" ist in der Regel bereits ein Hinweis auf unangemessene Fragen im Fragebogen.

Fragebogen und Interviews stellen prinzipiell komplementäre Methoden dar, die im strukturierten Interview mit gebundenen Antwortvorgaben ineinander übergehen können. Einen Übergang stellen auch offene Fragen mit freien Antwortoptionen in einem Fragebogen dar. Interviews erfassen tiefer greifende, komplexe Informationen, während Fragebogen ökonomische Vergleiche, Veränderungen oder einfache Merkmalskonfigurationen abbilden können, die als Information in komplexe statistische Analysen eingehen. Statistische Analysen von Interviewdaten beschränken sich im Unterschied dazu in der Regel auf Kategorien, Häufigkeiten oder Häufigkeitsanalysen in Kontingenztafeln.

Interviews stellen auch oft die Basis bei der Entwicklung von Fragebogen dar. Interviews strukturieren Merkmalszusammenhänge und tragen dazu bei, die sprachliche Repräsentation des Feldes bei den zu Befragenden zu eruieren (vgl. Kapitel 2.3).

Die besonderen Stärken von Fragebogen zeigen sich vor allem bei Methodenkombinationen, wie sie in der Arbeits- und Organisationspsychologie, vor allem aber auch in der Umweltpsychologie immer häufiger eingesetzt werden. Ein Beispiel ist die Analyse und Bewertung von Arbeitstätigkeiten. Das in der Arbeitsanalyse eingesetzte Interview – ergänzend zur Beobachtung der Arbeitstätigkeit („Beobachtungsinterview") – wird sehr häufig durch ökonomische Fragebogenverfahren („subjektive Arbeitsanalyse") ergänzt, die die Perspektive der Werktätigen unmittelbar wiedergeben.

Während in den Interviews komplexe und tiefer gehende Informationen zur Arbeitstätigkeit bei einer repräsentativen Teilgruppe erhoben werden, werden Fragebogen (z. B. zur Messung von Zufriedenheit, Motivation, Fehlbeanspruchung und wichtigen Ressourcen) der gesamten Belegschaft vorgegeben. Bei der Arbeitsanalyse ist die sinnvolle und notwendige Ergänzung von Beobachtung, Interview und Fragebogen, d. h. von qualitativen und quantitativen Methoden zur Beantwortung komplexer (angewandter) Fragestellungen zwischenzeitlich zum methodischen Standard geworden.

7.2 Prinzipien der Durchführung von Fragebogenerhebungen in der Arbeitswelt

Die Ergebnisse von Fragebogenerhebungen sind ganz wesentlich von der Professionalität der Studiendurchführung abhängig. Dies betrifft die Repräsentativität der Ergebnisse ebenso wie die Beantwortung der Fragen selbst. Für Fragebogenerhebungen hat sich zwischenzeitlich eine eher reservierte oder gar negative Einstellung in breiten Teilen der Bevölkerung etabliert. Dies liegt nicht zuletzt an der wachsenden Bürokratisierung, die das Ausfüllen standardisierter Formulare zum Alltagsärgernis hat werden lassen. Dabei haben die Bearbeitenden den Eindruck, immer wieder dieselben Informationen für zweifelhafte oder unbekannte Zwecke angeben zu müssen. Fragebogen haben oft Formularcharakter und werden nicht selten mit Formularen zur „Volksbefragung" verwechselt. Zur negativen Einstellung in der Bevölkerung trägt neben der Vielzahl von Markt- und Konsumentenforschungsbefragungen auch die Vielzahl von semiprofessionell durchgeführten MitarbeiterInnenbefragungen, Evaluationsbefragungen und Controllingaktivitäten in der Arbeitswelt bei, bei denen der Bezug zwischen Befragung bzw. Datensammlung und „Nutzen" für die Beantwortenden verloren gegangen ist. Nicht zuletzt nehmen Forschungsbefragungen und forschungsähnliche Befragungen ständig zu, leider auch die Anzahl von unprofessionell (oder nur semiprofessionell) durchgeführten Befragungen. Die folgenden Abschnitte sollen dazu beitragen, einen allgemeinen Standard auf eine breitere Basis zu stellen.

Bungard, Jöns und Schultz-Gambard (1997) nennen hinsichtlich der Sünden zur MitarbeiterInnenbefragung die Verwendung von Standardfragebogen ohne direkten Bezug zur Lebensrealität, zu kurze Fragebogen und schlampig konstruierte Fragebogen mit ungenügender Überprüfung.

Bereits in Kapitel 4.2 zur Durchführung von Pretests ist darauf hingewiesen worden, dass bei Fragebogenerhebungen die Standards für die Sammlung wissenschaftlicher Daten einzuhalten sind. So sind in Betrieben grundsätzlich die Regeln für eine MitarbeiterInnenbefragung einzuhalten. Aber auch die Regeln für Good Clinical Practice, die Regeln zum Umgang mit personenbezogenen Daten und den ethischen Grundprinzipien psychologischer Studien sind zu berücksichtigen. Die Regeln findet man in den APA-Richtlinien oder den ethischen Standards für psychologisch Handelnde der psychologischen Berufsverbände.

7.2.1 Studienvorbereitung

Bei der Durchführung von Fragebogenerhebungen (z. B. im Rahmen von MitarbeiterInnenbefragungen) oder auch bei Validierungsstudien von neu entwickelten Verfahren müssen in der Regel unterschiedliche Fragebogen kombiniert werden und ggf. mit einem Erhebungsbogen für soziodemografische Merkmale verknüpft werden. Diese „Fragebogenpakete" sind mit einer inhaltlichen Studieninformation und mit Informationen über den Studienablauf zu versehen. Zudem sind ergänzende Materialien vorzubereiten und für die Studie aufzubereiten. Das Informationsblatt zur Fragebogenstudie sollte das jeweilige Thema zu den Befragten transportieren. Günstig ist, wenn das Thema eine Relevanz für den (Arbeits-)Alltag hat oder einen Interessen- oder Motivationsbereich der Befragten anspricht. Dieser sollte sich in den Items des Fragebogens wiederfinden. Ergänzend empfiehlt es sich, wenn möglich, Informationsveranstaltungen abzuhalten und zumindest einen Teil der Befragten mit dem Untersuchungsteam bekannt zu machen. Bei Befragungen von größeren Gruppen können begleitende oder vorbereitende Informationen über Medien verbreitet werden. Mit einer Fragebogenerhebung werden Informationen systematisch erhoben, die (auch) für die Betroffenen Relevanz besitzen. Diese Relevanz und der Nutzen sind deutlich zu kommunizieren. Hinweise zu Rückmeldung und Interpretation der Ergebnisse sind wichtig und vom Untersuchungsteam verlässlich einzuhalten.

Zur Teilnahmeinformation gehört des Weiteren die Verpflichtung zur Einhaltung des Datenschutzes.

Bewährt hat sich auch der Hinweis, dass wichtige Informationen immer mit zwei bis vier Fragen erfragt werden, um sprachliche Unschärfen und Missverständnisse zu kompensieren.

Neben der inhaltlichen Information sollte eine Information über die Fragebogenbearbeitung selbst gegeben werden. Dabei ist auf das selbständige Bearbeiten ebenso hinzuweisen wie auf die (ungestörte) Bearbeitungszeit und die Option, die Bearbeitung an einer definierten Stelle durch eine Pause zu unterbrechen. Information über die Bearbeitungszeit des Fragebogenpakets sollte der tatsächlichen Bearbeitungszeit entsprechen und nicht „optimistisch geschätzt" sein.

Bewährt haben sich zudem die Ausgabe und Übergabe der Fragebogen mit Rückumschlägen und die Bitte an die Teilnehmenden, die bearbeiteten Fragebogen verschlossen im Rückumschlag abzugeben. Im Idealfall versieht man den Umschlag mit der Adresse der Projektleitung der durchführenden Organisation. Dies ermöglicht den Personen, den Bogen direkt an die Projektleitung zu senden. Hiervon machen bei Beanspruchungsfragestellungen circa 10% der Befragten Gebrauch, wobei nur ein kleiner Prozentsatz den Umschlag unfrei aufgibt. Bei Messwiederholungsstudien ist eine Zuordnung der Bogen über die Zeit wichtig. Hierbei lohnt es sich, Kodierungsregeln zu verwenden, wie sie auch von Kreditkartenorganisationen eingesetzt werden.

Bei Internetbefragungen sollte ähnlich verfahren werden. Wichtig ist dabei eine Information zum Umgang mit Systemabstürzen und Unterbrechungen. Wie weiter unten ausgeführt wird, sollten Rückmeldungen gerade bei Internetbefragungen auf einem sehr abstrakten Niveau erfolgen und immer nur gegeben werden, wenn die Rückmeldung mit einem Hinweis auf eine professionelle Beratungsoption verbunden werden kann. „Ferndiagnostik" zählt leider nach wie vor zu den klassischen Kunstfehlern bei Fragebogenerhebungen.

7.2.2 Zusammenstellung von Fragebogen für Studien

Der inhaltlich schwierigste Schritt ist die Zusammenstellung des Fragebogenpakets. Wann immer möglich, sollten in einer Studie bereits erprobte Fragebogen verwendet werden. Dabei sind Veränderungen zu vermeiden. Andererseits ist ein wiederholtes Erfragen desselben oder eines verwandten Konzepts zu umgehen. Die Antwortenden werden kaum einsehen, warum bestimmte Fragen immer wieder gestellt werden. Hier gilt es, Fragebogenpakete mit hinreichender Intelligenz und Professionalität zusammenzustellen. Im Zweifelsfall sollte auf einen weiteren Fragebogen eher verzichtet werden, wenn eine substantiell inkrementelle Validität nicht a priori mit Sicherheit vorliegt. Im ungünstigsten Fall ist eine eigene Entwicklung im Rahmen des Projekts notwendig. Zur Verwendung von Items/Subtests aus anderen Verfahren siehe Kapitel 2.1.

Auf alle Fälle ist ein beliebiges Zusammenstellen von diversen Items ein Kunstfehler, der einerseits eine Copyrightverletzung darstellt und anderseits auch keine brauchbaren Ergebnisse erwarten lässt. Psychometrische Fragebogen stellen geprüfte Messmethoden dar. Die psychometrischen Analysen beziehen sich auf das gesamte Verfahren. Änderungen sind hier im Prinzip nicht zulässig (ähnlich wie ein zugelassenes Kfz nicht mit Bauteilen eines anderen Fahrzeugs oder selbst entwickelten Bauteilen verändert werden darf). Dabei sind formale Aspekte des Fragebogens ebenso betroffen wie die Iteminhalte. Besonders wichtig ist an dieser Stelle der Hinweis, dass Items Einheiten aus Frage-Antwort-Komplexen darstellen. Damit ist eine Frage exakt an ihr Antwortformat gebunden. Zudem bilden die Items der Subtests eine Gesamtstruktur, auf die sich die Testkonstruktion bezogen hat. Damit ergibt sich (unabhängig von urheberrechtlichen Aspekten) die Regel **„Never change a tested subtest"**. Die Zusammenstellung von Fragebogen aus Items unterschiedlicher Verfahren durch „Suchen" guter Items aus anderen Verfahren („Kopieren geht über Studieren") ist ein nicht zielführendes Unterfangen für eine Befragung. In einem solchen Fall sollte eher ein Test neu konstruiert und ein einheitliches Itemformat entwickelt werden.

Als Ausweg bietet sich an, eine publizierte Kurzform der Verfahren zu verwenden oder nach Rücksprache mit den AutorInnen Subtests aus einem Verfahren komplett zu übernehmen oder Subtests aus einem publizierten Verfahren nach Genehmigung durch die AutorInnen zu eliminieren. Von Fall zu Fall lässt sich auch vereinbaren, publizierte Subtests gemeinsam mit den AutorInnen des Originals zu kürzen. Auf diese Weise lässt sich die Reliabilität des übernommenen Subtests recht gut abschätzen. Am günstigsten ist eine reguläre Einbeziehung publizierter Verfahren oder von Forschungsversionen und eine entsprechende Copyrightvereinbarung mit den AutorInnen bzw. ein Einsatz der Verfahren entsprechend der gültigen Lizenzen mit den Verlagen.

Bei der Zusammenstellung von unterschiedlichen Fragebogen ist zu berücksichtigen, dass die Reihenfolge der Fragebogen nicht ohne Einfluss auf die Antworten ist. Dies kann einerseits durch Antwortfehler aufgrund wechselnder Antwortformate bedingt sein. Besonderes Augenmerk ist auf die Richtung der Antwortskala zu legen. Ist im ersten Verfahren die niedrige Ausprägung links und im nächsten Verfahren rechts, können Fehlantworten allein durch den Wechsel entstehen. Andererseits ist eine einfache Umpolung oder Umkodierung der Antwortskala nicht zulässig. Sind Probleme mit dem Wechsel von Antwortformaten zu erwarten, sollen zumindest Fragen mit identischem Antwortformat bzw. identischer Antwortskala als Gruppe gemeinsam vorgegeben werden.

Veränderungen des Layouts ergeben sich in der Regel bei Internetversionen von Befragungsinstrumenten. Die Veränderungen sollten immer so gering wie möglich gehalten werden. Änderungen im Layout (z. B. Vorgabe von Items in Tabellenform) können zu deutlichen Veränderungen der Antworten beitragen. Durch „unmotivierte" Schattierungen ändert sich das Layout massiv. „Streifenmuster" können die Qualität von Fragebogen deutlich verändern. Gezielt sollte auch der Umgang mit den standardisierten Fragebogeninstruktionen eines jeden Verfahrens erfolgen. Auf Wiederholungen sollten die Antwortenden explizit und begründet hingewiesen werden. Auch Änderungen der Instruktionen bedürfen der Zustimmung der AutorInnen.

Bei der Festlegung der Reihenfolge von Fragebogen ist zu beachten, dass die Bearbeitung in der Regel ermüdet und daher Zustandsfragebogen in die vorderen Gruppen gehören. Robuste Fragebogen mit hoher Akzeptanz sollten zum Warming-up als erste Bogen vorgegeben werden. Biografische Fragen und Fragen zu Persönlichkeitsmerkmalen eigenen sich für den Abschluss von Fragebogenpaketen. Dauert die Bearbeitungszeit länger als 30 Minuten, sollten Pausen eingeplant werden.

Für die Dauer der Beantwortung kann als Faustregel für Gruppen von Items mit identischem Antwortformat eine durchschnittliche Antwortzeit von 7–10 Sek./Item herangezogen werden. Addiert werden muss jeweils die Lesezeit für die Anweisungen zur Beantwortung der Items.

7.2.3 Studiendurchführung

Die Notwendigkeit der individuellen Beantwortung der Fragen, des Datenschutzes, des Informationsblatts bzw. der informierten Einverständniserklärung wurden ebenso wie die Ausgabe der Fragebogen mit verschließbaren Rückumschlägen bereits in Kapitel 4.2.2 thematisiert.

Optionen zur Erhöhung von Rücklaufquoten sind neben Anreizsystemen vor allem die persönliche Information der Befragten oder von Vorgesetzten/Autoritätspersonen etc. und die Überzeugung der Befragten, dass die Beantwortung der Fragen sinnvoll ist.

Jede Fragebogenerhebung in Betrieben und Organisationen ist mit allen relevanten Stellen abzustimmen und folgt den Regeln für MitarbeiterInnenbefragungen, wie sie bei Bungard, Jöns und Schultz-Gambard (1997) zusammengefasst sind.

Bei elektronischer Vorgabe der Items ist auf die formale Äquivalenz mit dem Originalfragebogen zu achten. Zentral ist die sichere Übermittlung der Daten. Befragungen ohne sichere Verschlüsselung sind als Kunstfehler einzustufen. Für Papier-Bleistift-Erhebungen hat sich die Sammlung der Daten in verschlossenen Umschlägen bewährt. Auch hier ist sicherzustellen, dass alle Bogen verlässlich bei der Studienleitung ankommen. Dies gilt auch für „Nachzügler".

7.3 Rückmeldung von Ergebnissen

Den letzten und oft wichtigsten Schritt stellt die Rückmeldung über Ergebnisse dar. Rückmeldungen über den persönlichen Status quo oder den Status einer Gruppe von Personen, eines Teams oder einer Abteilung sind eine zentrale Informationsquelle für prozessorientierte, „formative" Untersuchungen im Rahmen von Evaluationen, zur Steuerung von organisationsbezogenen Prozessen (Balanced Scorecard), zur Definition und Korrektur von Interventionen und Veränderungsprozessen sowie im Rahmen des Managements von (Veränderungs-)Projekten. In vielen Fällen wird die Motivation zur Teilnahme an einer Erhebung durch die Art und die zeitliche Nähe der Rückmeldung oft wesentlich mitbestimmt. Bei Auftragsstudien ist die Rückmeldung neben der Dokumentation oft ein zentrales Element bei der Auftragsvergabe.

Rückmeldungen über Einzelpersonen an Dritte oder Rückmeldungen, die Rückschlüsse über Einzelpersonen zulassen, sind ohne Autorisierung seitens der Betroffenen absolut unzulässig. Grundsätzlich stellt die strikte Einhaltung der geltenden Datenschutzbestimmungen (und ggf. auch der relevanten Betriebsvereinbarungen) ein unumstößliches Grundprinzip von Fragebogenerhebungen dar, das insbesondere im Zusammenhang mit Rückmeldungen strengstens einzuhalten ist. Rückmeldungen von Fragebogenergebnissen an Einzelpersonen fallen zudem in den Bereich der psychologischen Diagnostik, die in einigen Ländern (ähnlich der ärztlichen Diagnose) diplomierten PsychologInnen vorbehalten ist. Berührt man den Bereich der berufsbezogenen Eignungsbeurteilung, sollten zudem die Vorschriften der DIN 33430 eingehalten werden (Westhoff et al., 2005). Besteht Unklarheit über die Entscheidungsfreiheit einiger UntersuchungsteilnehmerInnen für die Freigabe der Informationen, ist von der Studienleitung grundsätzlich eine Anonymisierung vorzunehmen, die einen Rückschluss auf Einzelpersonen unmöglich macht. Diese Prozedur ist mit dem Projekt- oder Auftraggeber vor Auftragsvergabe abzustimmen und sollte Vertragsbestandteil sein. Ergebnisse aus psychologischen Tests und psychometrischen Fragebogen ebenso wie die individuellen Ergebnisse psychophysiologischer Messungen unterliegen den strengen Kriterien arbeitsmedizinischer oder psychodiagnostischer Information.

Damit sind Rückmeldungen über psychologische Testergebnisse an Einzelpersonen prinzipiell nur durch vollständig ausgebildete Diplom-PsychologInnen (bei medizinischen Daten zusätzlich ÄrztInnen) juristisch zulässig. Automatisierte Rückmeldungen oder Rückmeldungen in elektronischer Form sind in differenzierter Form mit den ethischen Regeln psychologischen Handelns nicht vereinbar. Selbst bei Rückmeldungen von Screeningergebnissen und entsprechender allgemeiner Information ist die mittelbare Erreichbarkeit einer qualifizierten Beratungsperson sicherzustellen und stellt eine unabdingbare Voraussetzung für eine zulässige Rückmeldung dar.

Für die Rückmeldung in Form von „Ampeln" gilt es, Betroffene nicht durch eine zu hohe Sensitivität zu beunruhigen. Besonders kritisch sind auch hier Rückmeldungen zu bewerten, die „absolute" Interpretationen von Skalenwerten vornehmen. Bei Rückmeldungen mit Bezug zur Normstichprobe ist auf hinreichende Stabilität der relevanten Subtests zu achten. Orientiert an psychologischer Diagnostik kann ein Wert oberhalb eines Wertes $M \pm 1,5 * SD$ (wobei M der Subtestmittelwert ist und SD die Subteststreuung) als kritisch betrachtet werden, bei einseitigen „Problemfeldern" (wie z. B. Burnout) liegen hier ca. 6,7% der Population. Für Einzelfallrückmeldungen bei vorliegender Profilinformation sollte erst dann eine kritische Diskussion erfolgen, wenn die Werte von 2 oder mehr Subtests außerhalb des Bereichs $M \pm 1,5 * SD$ (oder $M \pm 1.0 * SD$ bei Rückmeldungen im Rahmen von Monitorings durch BetreuerInnen) liegen.

Nochmals sei der Hinweis erlaubt, dass Rückmeldungen von Fragebogenergebnissen immer bezogen auf Vergleichsdaten erfolgen müssen. Eine direkte Interpretation der Skalenwerte führt in der Regel zu Fehlbeurteilungen, da die Skalenwerte stark von den Itemformulierungen abhängen. Das für absolute Interpretationen notwendige Skalenniveau wird vom Fragebogen im Prinzip nur erfüllt, wenn abzählbare Häufigkeitsinformationen zuverlässig erfragbar sind. Bei einem Vergleich mit Daten mit einer größeren Eichstichprobe oder vorliegenden Referenzdaten sollten für eine Einzelfallbeschreibung Varianz und Subtestreliabilität einbezogen werden. Für die Interpretation von Profilinformationen stellen die Subtestinterkorrelationsmatrix sowie Validierungsdaten wichtige Hintergrundinformationen dar, die bei der Rückmeldung berücksichtigt werden sollten.

Bei der Rückmeldung von Gruppenunterschieden sollte sichergestellt sein, dass jede Gruppe möglichst 8 Personen umfasst. In Ausnahmen (keine Ausreißer oder Extremdaten und sehr gute Verteilungen) können auch mit 6 Personen signifikante Gruppenunterschiede Basis für Rückmeldungen darstellen. Vorsicht ist bei Box-Whisker-Plots geboten, da „Ausreißer" Rückschlüsse auf Einzelpersonen zulassen können. Statistische Signifikanztests und die Effektstärkeninformation sollten bei Rückmeldungen zugrunde gelegt werden und für die Befragungsgruppen angemessen aufbereitet werden. Bei der Verwendung von statistischen Signifikanztests ergeben sich bei der Rückmeldung von Studienergebnissen immer wieder Probleme mit der α-Inflation, aber auch mit dem Fehler 2. Art und dem Risiko, für nicht signifikante Ergebnisse die Nullhypothese anzunehmen: Es gibt keine Unterschiede. Auswege bieten sich an über den Ansatz zur Unterscheidung konfirmatorischer und deskriptiver Datenanalyse nach Abt (1987) und über die Argumentation über Effektstärken statt über „Signifikanzen". Bei Auftragsstudien lohnt es, die Fragestellungen bei Auftragsvergabe zu klären und nach Wichtigkeit zu hierarchisieren.

Zwei zentrale Aspekte sollen abschließend angesprochen werden. Der erste lässt sich mit den Wirkungen charakterisieren, die sowohl Rückmeldungen im Individualfall als auch Rückmeldungen über Gruppenunterschiede (z. B. unterschiedliche Teams in Unternehmen) haben können. Die Rückmeldeinformation setzt unter Umständen massive motivationale Prozesse in Gang. Im Individualfall bietet sich an, diese für Beratungen und/oder Coaching-Gespräche konstruktiv zu nutzen. Im Fall von Gruppenunterschieden in Unternehmen ist mit kurzfristigen Reaktionen der Betroffenen und/oder der Führungsebene zu rechnen, die es ebenfalls konstruktiv umzusetzen gilt (z. B. durch Workshops, Beratungsgespräche etc.). Im Falle von Maßnahmenevaluierungen könnten Rückmeldungen den Prozess positiv katalysieren und somit zu einer (positiven) Verfolgung der Maßnahmeneffekte führen. Dieses Grundproblem, das in der Aktionsforschung ausführlich beschrieben wurde, ist auch bei der Interpretation der Prozesse zu berücksichtigen. Dementsprechend sind die Zeitpunkte der Rückmeldung reflektiert zu wählen und präzise zu dokumentieren. Nur selten sind die Effekte „nebenwirkungsfrei", daher ist eine hohe Aufmerksamkeit notwendig und eine Rückmeldung über die angestoßenen Prozesse durch Nachinterviews und ähnliche Maßnahmen anzuraten. Erhebliche Turbulenzen ergeben sich auch immer wieder, wenn Rückmeldeergebnisse in Medien journalistisch aufbereitet werden und kein Netz geknüpft wurde, mögliche Missverständnisse aufzufangen.

Kommentare zu den Rückmeldungen von den untersuchten Personen können im Sinne der **„konsensuellen Validierung"** zu besseren und präziseren Interpretationen beitragen. Andererseits werden Rückmeldungen sowohl von Einzelpersonen als auch von Gruppen oft im Sinne eines Hindsight-Bias affirmativ bestätigt. Daher sollten die

Schlussfolgerungen eines einzelnen Rückmeldegesprächs nicht ohne weitere Validierung (z. B. durch „Triangulation" und prospektive Ansätze) als Basis für tiefgreifende Veränderungen dienen. Gerade bei komplexen Datensätzen (z. B. aus Mehrebenenanalysen) sind oft mehrere Interpretationen möglich. Die Auswahl einer einzelnen Interpretationsrichtung birgt das Risiko unreflektierter Schlussfolgerungen. Ein „Kaffeesatzlesen" lässt sich vermeiden, wenn auch nicht passende und neue Informationen ausgewertet und diese nicht ignoriert werden. Risiken für individuelle Entscheidungen, wie sie von Janis und Mann (1979) beschrieben wurden, gilt es bei Schlussfolgerungen aus Rückmeldegesprächen immer zu berücksichtigen.

7.4 Ethische und juristische Rahmenbedingungen

Abschließend sei nochmals darauf hingewiesen, dass die Bearbeitung eines Fragebogens zur Sammlung personenbezogener Informationen führt. Mit Informationen dieser Art ist den gesetzlichen Rahmenbedingungen entsprechend umzugehen und die Informationen sind professionell verantwortlich zu verwenden. Insbesondere die Einhaltung der gesetzlichen Rahmenbedingungen wird fahrlässig verletzt, wenn Fragebogen mit Namen, Alter und Ausfülldatum „gelagert" werden (z. B. weil Rohdaten wissenschaftlicher Arbeiten zu archivieren sind). Vor der Lagerung sind Namen grundsätzlich zu entfernen und durch Codes zu ersetzen. Auch weitere persönliche Informationen, die (in Kombination) einen Rückschluss auf einzelne Personen zulassen, sind zu entfernen (z. B. durch Codeliste und Entfernen der Deckblätter von Fragebogen). Codelisten sind grundsätzlich sicher (Stahlschrank!) zu verschließen. Ein Kardinalfehler ist die Eingabe von Namen (auch Vornamen!) von UntersuchungsteilnehmerInnen in PC oder EDV-Systeme. Hier sind prinzipiell nur Codes einzugeben! Schwierig ist auch die Datenaufbereitung für Rückmeldungen, insbesondere bei größeren Studien. Auch hier ist über ein Codesystem Datensicherheit herzustellen. Wichtig ist auch, dass TeilnehmerInnen mit Rückmeldeinformationen datenschutzgerecht umgehen. Die Studienleitung hat sicherzustellen, dass eine Personenzuordnung grundsätzlich nur durch die Person selbst möglich ist. Hinweise zum Umgang mit Rückmeldungen sind im letzten Abschnitt bereits diskutiert worden. Juristisch relevant ist auch die Tatsache, dass die Verwendung von psychodiagnostischen Instrumenten in einigen Ländern nur unter Supervision von diplomierten PsychologInnen zulässig ist. Dies betrifft insbesondere die Aufbereitung von Fragebogenergebnissen für individuelle „Rückmeldungen". Diese fallen in den Bereich der psychologischen Diagnostik. Informationen dieser Art sind von entsprechend qualifizierten Personen unter Einhaltung der berufsrechtlichen und ethischen Randbedingungen zu handhaben.

Für globale statistische Auswertungen, z. B. im Rahmen von Evaluationsstudien und MitarbeiterInnenbefragungen, sind weniger die berufsrechtlichen als vielmehr die betriebsrechtlichen Bedingungen einzuhalten. Schlussendlich ist darauf hinzuweisen, dass insbesondere Fragebogen zu persönlich bedeutsamen Bereichen zu deutlichen Hilferufen der Bearbeitenden führen können. Auf eine angemessene Reaktion sollten die „per Fragebogen" Fragenden vorbereitet sein. Manche Antwort auf Fragen ruft nach Handlung. Dies kann auch Fragen betreffen, die auf den ersten Blick harmlos erscheinen: „In den letzten (7) Tagen ... habe ich gelacht." (0 = „nie" ... 6 = „immerzu") führte bei einer StudienteilnehmerIn zu massiver emotionaler Reaktion, weil sie seit Monaten nicht mehr gelacht hatte (nichts zu lachen hatte).

Mit markanten Reaktionen ist mindestens im Rahmen von Rückmeldegesprächen zu rechnen. Dabei wird auch nochmals deutlich, dass differenzierte Rückmeldungen ohne persönlichen Kontakt in den Bereich ethischer Bedenklichkeit fallen. Je besser der Fragebogen entwickelt ist, desto größer ist auch das „Risiko", psychologisch bedeutsame Informationen zu erhalten.

8 Checklisten

Die folgenden Checklisten fassen die zentralen Schritte bei der Entwicklung von Items zusammen.

Tabelle 6: Kriterien für die Konstruktion von Testitems

Kriterien für die Konstruktion von Testitems ...
• ... müssen den Zielvorgaben (oder dem psychologischen Konstrukt) entsprechen. • ... müssen eine klar definierte Zielvorgabe (oder ein klar definiertes psychologisches Konstrukt) besitzen. • Der Autor sollte berücksichtigen, bis zu welchem Grad die Testitems zu Messfehlern beitragen könnten. • Das Itemformat sollte den Zielen des Tests entsprechen. • ... müssen den technischen Anforderungen für Items entsprechen. • ... sollten vorgegebenen redaktionellen Standards und Stilrichtlinien folgen. • Der Autor sollte ethische und rechtliche Bedenken/Normen/Standards berücksichtigen.

Checklisten

In Kapitel 3.3.3 wurden bereits Leitlinien zur Itemformulierung besprochen.

Tabelle 7: Checkliste der Leitlinien zur Itemformulierung

1	Items sollten gut lesbar sein.
2	Grammatikalisch einfache Sätze/Fragen formulieren.
3	Einfache Aussagen formulieren.
4	Items sollten leicht verstehbar sein.
5	Präzise Aussagen/Fragen formulieren.
6	Aussagen klar und affirmativ formulieren.
7	Bei der Wortwahl und Formulierung auf eine klare Bedeutung der Begriffe achten und sicherstellen, dass die Bedeutung der Aussage für alle Antwortenden gleich ist.
8	Unklare Begriffe sollten präzisiert werden.
9	Seltene/ausgefallene und regionale Begriffe vermeiden.
10	Auf die Sprache der Untersuchungspopulation eingehen.
11	Affirmativ formulieren und komplexe Negationen, insbesondere doppelte Negationen, vermeiden.
12	Items sollten leicht beantwortbar sein und keine komplexen logischen Schlussfolgerungen und keine komplexen Gedächtnisleistungen von den Antwortenden verlangen.
13	Das geeignete Spezifitätsniveau wählen.
14	Items sollten Bezug zum Erleben und Verhalten der antwortenden Person herstellen.
15	So verhaltensnah wie möglich formulieren.
16	Tabuitems gehören nicht in einen Fragebogen.
17	Die angesprochenen Merkmalsfacetten sollen in der Population möglichst wenig extrem sein.
18	Items sind so zu formulieren, dass sie ohne den Kontext der anderen Items beantwortbar sind.
19	Pro Item nur eine Aussage.
20	Semantisch ergänzende Bereiche systematisch über die Items verteilen.

Literatur

Abt, K. (1987). Descriptive data analysis: A concept between confirmatory and exploratory data analysis. *Methods of Information in Medicine, 26,* 77–88.

Allport G.W. & Odbert H.S. (1936). Trait-names: A psycho-lexical study. *Psychological Monographs, 47* (1), Whole No. 211.

Amelang, M. & Bartussek, D. (2001). *Differentielle Psychologie und Persönlichkeitsforschung* (5. Aufl.). Stuttgart, Kohlhammer.

Backhaus, K., Erichson, B., Plinke, W. & Weiber, R. (1994). *Multivariate Analysemethoden. Eine anwendungsorientierte Einführung* (7. Aufl.). Berlin: Springer.

Birnbaum, A. (1968). Some latent trait models and their use in inferring an examinee's ability. In F.M. Lord & M.R. Novick (Eds.), *Statistical theories of mental test scores.* Reading/Mass: Addison-Wesley.

Bögel, R. & Rosenstiel, v. L. (1997). Die Entwicklung eines Instruments zur Mitarbeiterbefragung: Konzept, Bestimmung der Inhalte und Operationalisierung. In W. Bungard & I. Jöns (Hrsg.), *Mitarbeiterbefragung. Ein Instrument des Innovations- und Qualitätsmanagements* (S. 84–96). Weinheim: Beltz/PVU.

Borg, G. (1998). *Borg's perceived exertion and pain scales.* Champaign, IL: Human Kinetics.

Bortz, J. & Döring, N. (2002). *Forschungsmethoden und Evaluation* (3. Aufl.). Berlin: Springer.

Böttcher, H. (2007). *Die Probabilistische Testtheorie und das Raschmodell.* Norderstedt Germany: GRIN Verlag.

Bühner, M. (2004). *Einführung in die Test- und Fragebogenkonstruktion.* München: Pearson Studium.

Bungard, W., Jöns, I. & Schultz-Gambard, J. (1997). Sünden bei Mitarbeiterbefragungen – Zusammenfassung der wichtigsten Fehler und Fallgruben. In: W. Bungard & I. Jöns (Hrsg.), *Mitarbeiterbefragung – Ein Instrument des Innovations- und Qualitätsmanagements* (S. 441–455). Weinheim: Psychologie Verlags Union.

Campbell, D.T. & Fiske, D.W. (1959). Convergent and Discriminant Validation by the Multitrait Multimethod Matrix. *Psychological Bulletin, 56*(2), 81–105.

Cattell, R. B. (1946). *The description and measurement of personality.* New York: Harcourt, Brace, & World.

Costa, P. T. & McCrae, R. R. (1992). *Revised NEO Personality Inventory (NEO PI – R) and NEO Five Factor Inventory.* Professional Manual. Odessa, FL: Psychological Assessment Resources.

Cronbach, L.J., Gleser, G.C., Nanda, H. & Rajaratnam, N. (1972). *The Dependability of Behavioral Measurements.* New York: Wiley.

Davis, H., Orzeck, T. & Keelan, P. (2007). Psychometric item evaluations of the Recovery-Stress Questionnaire for athletes. *Psychology of Sport and Exercise, 8* (6), 917–938.

Diener, E. & Emmons, R.A. (1984). The independence of positive and negative affect. *Journal of Personality and Social Psychology, 47,* 1105–1117.

Dirnberger, D. (2009). *Change & Transition: Erfolgsfaktoren von Veränderungen in Organisationen.* Unveröffentlichte Diplomarbeit, Karl-Franzens-Universität Graz.

Dunbar, M., Ford, G., Hunt, K. & Der, G. (2000). Question wording effects in the assessment of global self-esteem. *European Journal of Psychological Assessment, 16* (1), 13–19.

Edwards, A. L. (1957). *Techniques of attitude scale construction*. New York: Appleton-Century-Crofts.
Ende, M. (1979). *Die Unendliche Geschichte*. Thienemann Verlag.
Endler, N. S. & Hunt, J. M. (1966). Sources of behavioral variance as measured by the S-R Inventory of Anxiousness. *Psychological Bulletin, 65*, 336–346.
Erdmann, G., & Janke, W. (1978). *Mehrdimensionale körperliche Symptomliste – habituell (MKSL-hab)*. Düsseldorf: Psycholog. Institut (unveröffentlicht).
Erdmann, G. & Janke, W. (2008). *Stressverarbeitungsfragebogen – SVF. Stress, Stressverarbeitung und ihre Erfassung durch ein mehrdimensionales Testsystem*. 4., überarbeitete und erweiterte Auflage. Göttingen: Hogrefe.
Fahrenberg, J., Hampel, R. & Selg, H. (2001). *Freiburger Persönlichkeitsinventar (FPI). Revidierte Fassung (FPI-R) und teilweise geänderte Fassung (FPI-A1)*. Göttingen: Hogrefe.
Faulbaum, F., Prüfer, P. & Rexroth, M. (2009). *Was ist eine gute Frage? Die systematische Evaluation der Fragenqualität*. Wiesbaden: VS Verlag für Sozialwissenschaften/GWV Fachverlage GmbH.
Fischer, G. H. (1974). *Einführung in die Theorie psychologischer Tests*. Bern: Huber.
Flanagan, J.C. (1954). The Critical Incident Technique. *Psychological Bulletin, 51* (4), 327–358.
Franke, J. & Bortz, J. (1972). Beiträge zur Anwendung der Psychologie auf den Städtebau: Vorüberlegungen und erste Erkundungsuntersuchung zur Beziehung zwischen Siedlungsgestaltung und Erleben der Wohnumgebung. *Zeitschrift für experimentelle und angewandte Psychologie, 19* (1), S. 76–108.
Frieling, E., Facauaru, C., Bendix, J., Pfaus, H. & Sonntag, K. (1993). Tätigkeits-Analyse-Inventar. Theorie, Auswertung, Praxis. Handbuch und Verfahren (1. Aufl.). Kassel: Universität-Gesamthochschule, Institut für Arbeitswissenschaft.
Glasl, F. (2004). *Konfliktmanagement. Ein Handbuch für Führungskräfte, Beraterinnen und Berater* (8., aktualisierte und ergänzte Auflage). Bern: Haupt.
Groeben, N. (1982). *Leserpsychologie: Textverständnis – Textverständlichkeit*. Münster: Aschendorff.
Gulbins, J. & Kahrmann, C. (1992). *Mut zur Typographie. Ein Kurs für DTP und Textverarbeitung*. Berlin, Heidelberg: Springer.
Hacker, W., Fritsche, B., Richter, P & Iwanova, A. (1995). Tätigkeitsbewertungssystem TBS. Verfahren zur Analyse, Bewertung und Gestaltung von Arbeitstätigkeiten. In E. Ulich (Hrsg.), *Mensch – Technik – Organisation* (Bd. 7). Zürich: vdf Hochschulverlag.
Hampel, P., Petermann, F. & Dickow, B. (2001). *SVF-KJ. Stressverarbeitungsfragebogen von Janke und Erdmann angepasst für Kinder und Jugendliche*. Göttingen: Hogrefe.
Heller, O. & Krüger, H.-P. (1974). Direkte Skalierung in der Soziometrie. *Psychologische Beiträge, 16* (2), 203–226.
Herzberg, F. (1966). *Work and the nature of man*. New York: Cleveland.
Hornke, L.F. (2001). Optimierung des meß- und entscheidungsorientierten adaptiven Testens. *Psychologische Beiträge, 42*, 634–644.
Jäger, S. & Petermann, F. (1999). *Psychologische Diagnostik* (4. Aufl.). Weinheim: Beltz.
Janis, I.L. & Mann, L. (1979). *Decision Making. A Psychological Analysis of Conflict, Choice, and Commitment*. New York: Free Press.

Janke, W. (1976). Psychophysiologische Grundlagen des Verhaltens. In M. von Kerekjarto (Hrsg.), *Medizinische Psychologie* (S. 1–101). Berlin: Springer.
Janke, W. & Debus, G. (1978). *Die Eigenschaftswörterliste (EWL)*. Göttingen: Hogrefe.
Janke, W. & Debus, G. (1996). EWL-60-S. Eigenschaftswörterliste Selbstbeurteilungs-Skala. In J. Angus (Hrsg.), *Internationale Skalen für Psychiatrie [International scales for psychiatry]* (43–44). Göttingen: Beltz.
Janke, W., Erdmann, G. & Kallus K. W. (1985). *Stressverarbeitungsfragebogen (SVF)*. Göttingen: Hogrefe.
Janke, W., Hüppe, M. & Erdmann, G. (2002). *Befindlichkeitsskalierung anhand von Kategorien und Eigenschaftswörtern (BSKE(EWL))*. Unveröffentlicht. Copyright: W. Janke, Verlag für Psychologie Göttingen 2003.
Janke, W., Hüppe, M., Kallus, K. W. & Schmidt-Atzert, L. (1989). *BSKE*. Julius-Maximilians-Universität Würzburg.
Jiménez, P. (2008). *PAZ. Profilanalyse der Arbeitszufriedenheit. Manual Wiener Testsystem*. Mödling: Schuhfried GmbH.
Kallus, K.W. (1995). *Erholungs-Belastungs-Fragebogen (EBF). Handanweisung*. Frankfurt: Swets Test Services.
Kallus, K.W. & Brandt, J. (2006). *Teamqualitätsfragebogen (TQF 60)*. Unveröffentlichtes Manuskript, Karl-Franzens-Universität Graz.
Kallus, K.W. & Jiménez, P. (2010). *Der Erholungs-Belastungs-Fragebogen für die Arbeitswelt (EBF-Work). Handanweisung*. Unveröffentlichtes Manuskript, Karl-Franzens-Universität Graz.
Kallus, K.W. & Katzenwandel, J. (1993). Zur Stressspezifität des Stressverarbeitungsfragebogens (SVF). *Zeitschrift für Differentielle und Diagnostische Psychologie, 14*, 2, 101–112.
Kallus, K.W. & Krauth, J. (1995). Nichtparametrische Verfahren zum Nachweis emotionaler Reaktionen. In G. Debus, G. Erdmann & K.W. Kallus (Hrsg.), *Biopsychologie von Streß und emotionalen Reaktionen* (23–43). Göttingen: Hogrefe.
Kallus K.W., Uhlig, Th. & Kraxner, M. (2001). *Arbeitsbericht. Entwicklung eines Screeningverfahrens zur Erfassung des psychologischen Risikoscores*. Unveröffentlichtes Manuskript. Institut für Psychologie, Karl-Franzens-Universität Graz.
Kellmann, M. & Kallus, K. W. (2000). *Erholungs-Belastungsfragebogen für Sportler. EBF-Sport. Manual*. Frankfurt am Main: Swets & Zeitlinger B.V.
Kellmann, M. & Kallus, K. W. (2001). *Recovery-Stress Questionnaire for Athletes: User Manual*. Champaign, IL: Human Kinetics.
Kim-Prieto, C., Diener, E., Tamir, M., Scollon, C. & Diener, M. (2005). Integrating the diverse definitions of happiness: A time-sequential framework of subjective well-being. *Journal of Happiness Studies, 6*, 261–300.
Kline, R.B. (1998). *Principles and practice of structural equation modelling*. New York: Guilford Press.
Kolodej, C., Essler, T. & Kallus, K.W. (2010). Test zur Erfassung von Mobbingverhaltensweisen am Arbeitsplatz (TEMA). *Wirtschaftspsychologie*, in print.
Kolodej, C., Voutsinas, A., Jiménez, P. & Kallus, K.W. (2005). Inventar zur Messung des Eskalationsgrades von Konflikten in der Arbeitswelt. *Wirtschaftspsychologie, 4*, 19–28.
Kranz, H.T. (2001). *Einführung in die klassische Testtheorie* (5. Aufl.). Eschborn bei Frankfurt am Main: Dietmar Klotz GmbH.

Krauth, J. (1995). *Testkonstruktion und Testtheorie.* Weinheim: Psychologie Verlags Union.

Kubinger, K.D. (1989). *Moderne Testtheorie* (2. Aufl.). Weinheim: Beltz.

Laux, L. & Glanzmann, P. (1996). Angst und Ängstlichkeit. In M. Amelang (Hrsg.), *Differentielle Psychologie und Persönlichkeitsforschung. Temperaments- und Persönlichkeitsunterschiede. Enzyklopädie der Psychologie* (S. 107–151). Göttingen: Hogrefe.

Laux, L., Glanzmann, P., Schaffner, P. & Spielberger, C. D. (1981). *Das State-Trait-Angstinventar (Testmappe mit Handanweisung, Fragebogen STAI-G Form X 1 und Fragebogen STAI-G Form X 2).* Weinheim: Beltz.

Lazarus, R. S. (1966). *Psychological stress and the coping process.* New York: McGraw-Hill.

Lazarus, R. S. (1991). Progress on a cognitive-motivational-relational theory of emotion. *American Psychologist, 46,* 819–834.

Lienert, G. A. (1969). *Testaufbau und Testanalyse* (3. Aufl.). Weinheim: Beltz.

Lienert, G. A. & Raatz, U. (1998). *Testaufbau und Testanalyse.* Weinheim: Beltz.

Likert, R. (1932). A Technique for the Measurement of Attitudes. *Archives of Psychology, 140,* 1–55.

Lord, F. M. & Novick, M. R. (1968). *Statistical Theories of Mental Test Scores.* Reading: Addison-Wesley.

Lorr, M., McNair, D. M. & Droppleman, D. F. (1971). *The Profile of Mood States (POMS).* Multi-Health Systems Inc.

Marsh, H.W. (1996). Positive and negative self-esteem: a substantively meaningful distinction or artifactors? *Journal of Personality and Social Psychology, 70,* 810–819.

Maslach, C. & Jackson, S. E. (1981). The Measurement of Experienced Burnout. *Journal of Occupational Behavior, 2,* 99–113.

Maslach, C. & Leiter, M.P. (2008). Early predictors of job burnout and engagement. *Journal of Applied Psychology, 93* (3), 498–512.

Mayring, P. (2009). Inhaltsanalysen und Interpretation. In V. Brandstätter & J.H. Otto (Hrsg.), *Handbuch der Allgemeinen Psychologie – Motivation und Emotion* (S. 563–568). Göttingen: Hogrefe.

Mehrabian, A. & Russell, J. A. (1974). *An approach to environmental psychology.* Cambridge.

Mischel, W. (1968). *Personality and assessment.* New York: Wiley.

Moosbrugger, H. & Kelava, A. (2007). *Testtheorie und Fragebogenkonstruktion.* Heidelberg: Springer.

Moosbrugger, H. & Müller, H. (1982). A Classical Latent Additive Test Model (CLA-Model). *German Journal of Psychology, 6,* 145–149.

Mulaik, S.A. & Millsap, R.E. (2000). Doing the four-step right. *Structural Equation Modeling, 7,* 36–73.

Mummendey, H. D. (1987). *Die Fragebogen-Methode.* Göttingen: Hogrefe.

Muthny, F.A. (1989). *Freiburger Fragebogen zur Krankheitsverarbeitung FKV: Manual.* Weinheim: Beltz-Verlag.

Nussbeck, F.W., Eid, M., Geiser, C., Courvoisier, D. S., & Cole, D.A. (2007). Konvergente und diskriminante Validität über die Zeit: Integration von Multitrait-Multimethod-Modellen und der Latent State-Trait-Theorie. In H. Moosbrugger und A. Kelava (Eds.), *Testtheorie: Test- und Fragebogenkonstruktion* (S. 361–388). Berlin: Springer.

Orth, B. (1983). Grundlagen des Messens. In H. Feger & J. Bredenkamp (Hrsg.), *Messen und Testen* (S. 136–180). Göttingen: Hogrefe & Huber.

Osgood, C. E. (1964). Semantic differential technique in the comparative study of cultures. *American Anthropologist, 66* (3), 171–200.

Osterlind, S. J. (1989). *Construction Test Items*. Boston: Kluwer.

Payne, S. L. (1951). *The Art of Asking Questions*. Princeton: University Press.

Plath, H.E. & Richter, P. (1984). *Ermüdung-Monotonie-Sättigung-Stress. BMS Handanweisung*. Berlin: Psychodiagnostisches Zentrum.

Plath, H.E. & Richter, P. (1994). *Ermüdung, Monotonie, Sättigung und Stress (BMSII). Verfahren zur skalierten Erfassung erlebter Beanspruchungsfolgen*. Berlin: Psychodiagnostisches Zentrum.

Porst, R. (2009). *Fragebogen. Ein Arbeitsbuch* (2. Aufl.). Wiesbaden: VS Verlag für Sozialwissenschaften/GWV Fachverlag GmbH.

Rammstedt, B. & Krebs, D. (2007). Does response scale format affect the answering of personality scales? Assessing the Big Five Dimensions of personality with different response scales in a dependent sample. *European Journal of Psychological Assessment, 23* (1), 32–38.

Rasch, G. (1960). *Probabilistic models for some intelligence and attainment tests*. Copenhagen: Danish Institute of Educational Research.

Rasch, G. (1966). An item analysis which takes individual differences into account. *British Journal of Mathematical and Statistical Psychology, 19*, 49–57.

Reinecke, J. (2005). *Strukturgleichungsmodelle in den Sozialwissenschaften*. München, Wien: Oldenbourg.

Rimann, M. & Udris, I. (1997). Subjektive Arbeitsanalyse: Der Fragebogen SALSA. In O. Strohm & E. Ulich, E. (Hrsg.), *Unternehmen arbeitspsychologisch bewerten. Ein Mehr-Ebenen-Ansatz unter besonderer Berücksichtigung von Mensch, Technik und Organisation* (S. 281–298). Zürich: vdf Hochschulverlag.

Rohrmann, B. (1978). Empirische Studien zur Entwicklung von Antwortskalen für die sozialwissenschaftliche Forschung. *Zeitschrift für Sozialpsychologie, 9*, 222–245.

Rost, J. (2004). *Lehrbuch Testtheorie – Testkonstruktion*. Bern: Huber.

Schoggen, P. (1989). *Behavior settings. A revision and extension of Roger Barker's ecological psychology*. Stanford, Calif., Stanford University Press.

Schuler, H. (1990). Personalauswahl aus der Sicht der Bewerber: Zum Erleben eignungsdiagnostischer Situationen. *Zeitschrift für Arbeits- und Organisationspsychologie, 34* (4), 184–191.

Schuler, H. & Stehle, W. (1985). Soziale Validität eignungsdiagnostischer Verfahren: Anforderungen für die Zukunft. In H. Schuler & W. Stehle (Hrsg.), *Organisationspsychologie und Unternehmenspraxis: Perspektiven der Kooperation. Beiträge zur Organisationspsychologie Band 1* (S. 133–138). Stuttgart: Verlag für Angewandte Psychologie.

Schuster, G., Kallus, K.W., Poimann, H. & Bieber, K. (1998). Integrative Arbeit in der ambulanten, neurochirurgischen Langzeitrehabilitation – effektiv und kostendämpfend? *Neurologie und Rehabilitation: die Zeitschrift für neurologische Rehabilitation und Prävention*.

Schwenkmezger, P., Hodapp, V. & Spielberger, C. D. (1992). *Das State-Trait-Ärgerausdrucks-Inventar STAXI*. Bern: Huber.

Semmer, N. K., Zapf, D. & Dunckel, H. (1999). Instrument zur Stressbezogenen Tätigkeitsanalyse (ISTA). In H. Dunckel (Hrsg.), *Handbuch psychologischer Arbeitsanalyseverfahren* (S. 179–204). Zürich: VdF Hochschulverlag.

Sixtl, F. (1982). *Messmethoden in der Psychologie* (2. Aufl.). Weinheim: Beltz.
Spielberger, C.D. (1975). Anxiety: State-trait process. In C.D. Spielberger & I.G. Sarason (Eds.), *Stress and anxiety. Band 1*. Washington: Hemisphere/Wiley.
Spielberger, C.D. (1991). *State-Trait Anger Expression Inventory: STAXI Professional Manual*. Florida: Psychological Assessment Resources.
Spielberger, C.D., Gorsuch, R. L. & Lushene, R. E. (1970) *State-Trait Anxiety Inventory, Manual for the State-Trait Anxiety Inventory*. Palo Alto, CA: Consulting Psychologist Press.
Staufenbiel, T. & Hartz, C. (2000). Organizational Citizenship Behavior: Entwicklung und erste Validierung eines Meßinstruments. *Diagnostica, 46*, 61–72.
Steyer, R. & Eid, M. (2001). *Messen und Testen*. Berlin: Springer.
Steyer, R., Majcen, A.-M., Schwenkmezger, P. & Buchner, A. (1989). A Latent State-Trait Anxiety Model and its Application to Determine Consistency and Specificity Coefficients. *Anxiety Research, 1*, 281–299.
Steyer, R., Schmitt, M. & Eid, M. (1999). Latent state-trait theory and research in personality and individual differences. *European Journal of Personality, 13*, 389–408.
Strauss, A. & Corbin, J. (1996). *Grounded Theory: Grundlagen qualitativer Sozialforschung*. Beltz Psychologie Verlags Union. Weinheim.
Tanzer, N.K. & Sim, C.Q.E. (1999). Adapting instruments for use in multiple languages and cultures: A review of the ITC guidelines for test adaptations. *European Journal of Psychological Assessment, 15* (3), 258–269.
Thurstone, L.L. & Chave, E. J. (1929). *The measurement of attitude: A psychophysical method and some experiments with a scale for measuring attitude toward the church*. Chicago: University of Chicago Press.
Wahl, W.B. & Brucks, U. (1986). *Entwicklung und Begründung eines normativen und subjektiven Verfahrens zur Arbeitsanalyse (NUSA) – Forschungsergebnisse einer Fragebogenuntersuchung in Hamburger Betrieben*. Vortrag auf dem 32. Arbeitswissenschaftlichen Kongreß des Gesellschaft für Arbeitswissenschaften, München.
Warr, P., Barter, J. & Brownbridge, G. (1983). On the independence of negative and positive affect. *Journal of Personality and Social Psychology, 44*, 644–651.
Wason, P. C. (1961). Response to affirmative and negative binary statements. *British Journal of Psychology, 52* (2), 133–142.
Westhoff, K., Hellfritsch, L.J., Hornke, L.F., Kubinger, K.D., Lang, F., Moosbrugger, H., Püschel, A. & Reimann, G. (2005). Grundwissen für die berufsbezogene Eignungsbeurteilung nach DIN 33430 (2. Aufl.). Lengerich: Pabst.
Wieland-Eckelmann, R., Saßmannshausen, A. & Rose, M. (1997). Das SynBA-Verfahren. Verfahrensbeschreibung, Auswertungsmaterial, Anwendungsbeispiel und SynBA-KF. In M. Eckelmann & H. Wilde (Hrsg.), *Bildschirmarbeit EU-konform. Das SANUS-Handbuch – Information, Analyse, Gestaltung*. (Schriftenreihe der Bundesanstalt für Arbeitsschutz und Arbeitsmedizin.) Bremerhaven: Wirtschaftsverlag NW.
Wittkowski, J. (1994). *Das Interview in der Psychologie. Interviewtechnik und Codierung von Interviewmaterial*. Opladen: Westdeutscher Verlag.
Wittkowski, J. (1996). *Fragebogeninventar zur mehrdimensionalen Erfassung des Erlebens gegenüber Sterben und Tod (FIMEST)*. Göttingen: Hogrefe.

10 Glossar

Absolutskala: Messung mit fixierter Einheit und festem Nullpunkt (z. B. Anzahl von Symptomen).

Alpha-Inflation (α-Inflation): Kumulation der Irrtumswahrscheinlichkeit bei mehreren statistischen Entscheidungen zur selben Fragestellung.

Antwortformat: Art der Vorgabe von Antwortmöglichkeiten bei den Items (z. B. Ja/Nein-Format).

Antwortskala: Der Begriff wird in dieser Arbeit für die Antwortabstufungen bei Items verwendet. Beispiel ist eine 7-stufige Häufigkeitsskala.

Antwortstil: Verzerrung der Antworten in Richtung einer bestimmten Form der Selbstdarstellung (z. B. in Richtung sozial erwünschten Verhaltens).

Antworttendenz: Verzerrung von Antworten in Richtung einer Tendenz, auf das Antwortformat zu reagieren (z. B. Zustimmungstendenz, Tendenz zur Mitte).

Bereichssubtest: Zusammenfassung mehrerer korrelierender Subtests zu einem Gesamtwert für einen „Faktor" oder eine latente Variable.

Critical-Incident-Technik: Gegenüberstellung erfolgreicher und weniger erfolgreicher Arbeitsweisen in der Arbeitsanalyse (Flanagan, 1954).

Cronbachs Alpha: Maß für die interne Konsistenz (Reliabilitätsmaß) eines Subtests, dessen Wertebereich zwischen 0 und 1 liegt. Alpha steigt, wenn die Items hinreichend hoch untereinander korrelieren. Alpha oberhalb von 0,9 kann durch tautologische Items bedingt sein.

ExpertInnenbefragung: Systematische Einbeziehung von Fachleuten in die Fragebogenentwicklung.

Faktorenanalyse, explorativ: Statistisches Verfahren, welches Gruppen hoch korrelierender Variablen zu übergeordneten neuen Variablen (= Faktoren) zusammenfasst und so eine komplexe Interkorrelationsmatrix übersichtlich gruppiert.

Faktorenanalyse, konfirmatorisch: Verfahren zur Überprüfung theoretisch oder empirisch angenommener Faktorenstrukturen oder Modelle: Sie wird in der Regel anhand von linearen Strukturgleichungsmodellen durchgeführt.

Fremdtrennschärfe: Korrelation von Items mit den Subtests, denen es zunächst nicht zugeordnet wurde.

Generalisierbarkeitstheorie: Theoretisches Konzept zur Abbildung von Merkmalen oder Zuständen durch eine repräsentative Auswahl von Items aus einer theoretischen Grundgesamtheit von Items, die die unterschiedlichen Facetten des Merkmals oder des Zustands repräsentieren (Cronbach, Gleser, Nanda & Rajaratnam, 1972).

Grounded Theory: Konzept zur qualitativen inhaltsanalytischen Charakterisierung von Gegenstandsbereichen auf der Basis von Interviews und/oder Verhaltensbeobachtungen (Strauss & Corbin, 1996).

Gulliksen-Technik: Technik zur Itemanalyse, die neben den Trennschärfen und der Streuung auch Itemvaliditäten einbezieht.

Gütekriterien: Qualitätskriterien von Datenerhebungsverfahren, um die Vergleichbarkeit von Daten sicherzustellen. Hauptgütekriterien sind Objektivität, Reliabilität und Validität. Zu den Nebengütekriterien zählen Normierung, Skalierung, Ökonomie, Nützlichkeit, Zumutbarkeit, Unverfälschbarkeit, Fairness und Vergleichbarkeit.

Inhaltsanalyse: Technik der qualitativen Forschung, bei der sprachliches Material nach Sinnzusammenhängen kategorisiert wird und die Kategorien in ihren psychologischen Zusammenhängen aufeinander bezogen werden.

Innere Konsistenz: Auch interne Konsistenz. Maß für die Messgenauigkeit und Homogenität einer Skala. Hohe innere Konsistenz (berechnet über Cronbachs Alpha) verweist auf hohe Reliabilität der Skala oder des Instruments.

Instruktion: Meist standardisierte Anweisungen an UntersuchungsteilnehmerInnen, wie sie Testaufgaben oder Fragebogen bearbeiten sollen. Bei Fragebogen wird in der Instruktion in der Regel ein Beispielitem gezeigt und ggf. auch die Bezugssituation oder der Bezugszeitraum angegeben.

Interkorrelationsmatrix: Zusammenfassende Übersicht über die paarweisen Korrelationen von Items (oder Subtests) in Form einer Matrix.

Intervallskala: Messung mit wählbarer Einheit und wählbarem Nullpunkt (z. B. Temperatur).

Item: Der Begriff Item wird in der Testtheorie für Fragen oder Aussagen in einem Fragebogen bzw. Aufgaben in einem Test verwendet. Zu einem Item gehören immer die Antwortoptionen.

Itemanalyse: Die Itemanalyse dient der Auswahl derjenigen Items, die inhaltlich und testtheoretisch die Skala bzw. den Fragebogen reliabel abbilden. Es handelt sich um die Überprüfung der Güteeigenschaften einzelner Items, um die Qualität eines Tests oder Fragebogens einschätzen zu können und ggf. durch Austausch oder Veränderungen einzelner Items Verbesserungen zu erzielen.

Itemkern: Frageteil/Aussageteil des Items.

Itemschwierigkeit: Die Itemschwierigkeit bezieht sich auf unterschiedliche Lösungs- bzw. Zustimmungsraten von Items. Durch den Itemschwierigkeitsindex wird bei Ja/Nein-Antworten der Anteil an Personen angezeigt, die das Item richtig lösen oder bejahen. Die Itemschwierigkeit spiegelt bei Ja/Nein-Items direkt die Streuung des Items wider. Das Schwierigkeits-Trennschärfe-Problem thematisiert, dass ein Item mit sehr kleiner Streuung nicht gut zwischen Personen differenzieren kann (100% Ja-Antworten: keine Differenzierung). Bei mehrfach abgestuften Items gilt es, die Itemstreuung zu beachten. Das von einigen AutorInnen (z. B. Bortz & Döring, 2002) vorgeschlagene Vorgehen, die Summe der erreichten Punkte des Items durch die maximal erreichbare Punktanzahl zu dividieren, ist in der Regel wenig zielführend, da ein Item, welches oft in „der Mitte" angekreuzt ist, nicht unbedingt eine hohe Streuung aufweisen muss. Sehr schwierige Items, denen kaum jemand zustimmt, oder sehr leichte Items, die von fast allen Personen mit hoher Zustimmung beantwortet werden, oder Items, die von allen gleich beantwortet werden, machen keine Personenunterschiede sichtbar und sind demnach auch wenig informativ. Diese Items kennzeichnen sich durch eingeschränkte Streuungen.

Itemstreuung: Kennwert für die Variabilität der Itemantworten, berechnet über die Standardabweichung vom arithmetischen Mittel.

Klassische Testtheorie: Die Klassische Testtheorie befasst sich mit der Genauigkeit einer Messung bzw. den Bestandteilen von Messwerten. Jeder Messwert setzt sich aus dem „wahren Wert" (der wahren Ausprägung des zu messenden Merkmals) und dem Messfehler zusammen.

Kommunalität: Begriff aus der Faktorenanalyse, der die durch die Faktoren aufgeklärte Varianz einer Variable kennzeichnet. Sie berechnet sich über die Summe der quadrierten Ladungen und ändert sich durch die Rotation der Faktoren nicht.

Konstruktvalidität: Ausmaß, in dem die Subtestwerte eines Fragebogens theoriekonforme Interkorrelationen und theoriekonforme Korrelationen zu verwandten Konzepten aufweisen (konvergente Validität) sowie theoriekonforme Unabhängigkeiten durch Nullkorrelationen sichtbar werden (diskriminante Validität).

Korrelation: Maß für die lineare Vorhersagbarkeit einer Variablen (z. B. Gewicht) bei bekannter Ausprägung einer anderen Variablen (z. B. Körpergröße). Der Wert ist normiert und variiert zwischen -1 und +1.

Kovarianz: Die Kovarianz bildet den Zähler des Korrelationskoeffizienten (der Nenner wird durch das Produkt der Streuungen der beiden Variablen gebildet). Große gemeinsame mittlere Abweichungen vom jeweiligen Mittelwert zweier Variablen führen zu großer Kovarianz.

Kriterienvalidität: Ausmaß, in dem ein Fragebogen die Vorhersage eines Kriteriums erlaubt. Wird in der Regel über die Korrelation mit dem Kriterium berechnet.

Latente Variable: Theoretische Variable auf der Modellebene, die durch eine oder mehrere Subtestwerte geschätzt wird. Zentraler Begriff in linearen Strukturgleichungsmodellen.

Likert-Skala: Rating-Skala zur Selbsteinschätzung. Unter Verwendung von Ziffern für Rating-Skalen-Kategorien ergibt sich der Testwert einer Person (auch „Methode der summierten Ratings" genannt). Beispiel: Die Behauptung „trifft gar nicht zu" (0), „trifft etwas zu" (1), „trifft ziemlich zu" (2), „trifft stark zu" (3), „trifft sehr stark zu" (4).

Lineare Strukturgleichungsmodelle: Modell zur simultanen Analyse von Zusammenhangsstrukturen. Im Gegensatz zu Regressionsmodellen werden Parameterschätzungen iterativ durchgeführt. Das Verfahren erlaubt, Modellanpassungen zu prüfen, und wird daher zur konfirmatorischen Faktorenanalyse eingesetzt.

Merkmal: Psychologisch definierte Größe, die eine Person oder einen Zustand kennzeichnet. Merkmale können unterschiedlich ausgeprägt sein (z. B. Angst oder Ängstlichkeit).

Multi-Trait-Multi-Method-Analyse: Varianzanalytisch orientiertes Verfahren, welches auf Basis der Daten aus unterschiedlichen Messverfahren zwischen Merkmalsvarianz und Methodenvarianz trennt.

Nominalskala: Messung, bei der ausschließlich die Zugehörigkeit zu (ungeordneten) Klassen festgelegt wird.

Normalverteilung: Statistische Verteilung, bei der Abweichungen vom Mittel mit wachsender Größe immer unwahrscheinlicher werden. Grafisch wie eine „Glockenkurve".

Normen: Vergleichswerte aus repräsentativen Stichproben. Wenn Vergleichswerte vorliegen, können Subtestwerte statistisch in Normwerte mit bekanntem Mittelwert und bekannter Streuung transformiert werden.

Normierung: Für die Testnormierung werden die Subtestwerte für eine größere repräsentative Stichprobe erhoben. Anhand dieser Werte können die Subtestwerte einer Person (z. B. aus Normtabellen) in Normwerte überführt werden.

Normwerte: Normwerte lassen sich über die Transformation der Subtestrohwerte (meist spezifisch für Alter, Geschlecht und Bildung oder [klinische] Symptomgruppen) bestimmen. Die Norm wird jeweils dazu angegeben, z. B. T-Werte ($M = 50$, $SD = 10$).

Objektivität: Gütekriterium eines Tests oder Fragbogens. Unter Objektivität wird die Unabhängigkeit von der/dem jeweiligen TestanwenderIn verstanden. Objektivität ist gegeben, wenn unterschiedliche TestanwenderInnen bei der Untersuchung ein und derselben Person zu den gleichen Ergebnissen kommen. Objektivität bezieht sich auf die Durchführung der Befragung (Durchführungsobjektivität), die Auswertung der Daten (Auswertungsobjektivität) und die Interpretation der Ergebnisse (Interpretationsobjektivität).

Operationalisierung: Festlegung eines Vorgehens zur Erfassung von Merkmalen. Oft erfolgt eine Operationalisierung über eine Messprozedur.

Orthogonale Rotation: Methode im Rahmen der Faktorenanalyse, die eine möglichst einfach interpretierbare Beziehung zwischen Variablen und den Faktoren herstellt. Dabei wird im Gegensatz zur „schiefwinkeligen Rotation" die Orthogonalität (Unabhängigkeit) der Faktoren aufrechterhalten.

Pretest: Ein Pretest sammelt erste Erfahrungen und Daten für einen Fragebogen. Er erfolgt in der Regel mit einem „Prototyp" des Fragebogens.

Probabilistische Testtheorie: Die Probabilistische Testtheorie geht der Frage nach, wie das Testverhalten von Personen von einem (eindimensional) zu erfassenden psychischen Merkmal abhängt. Es werden Aussagen über Auftretenswahrscheinlichkeiten von manifesten, beobachtbaren Verhalten gemacht, wobei davon ausgegangen wird, dass eine Person eine Aufgabe nur mit einer bestimmten Wahrscheinlichkeit lösen wird.

Rangskala: Messung, bei der ohne feste Einheit die Rangordnung in Zahlen abgebildet wird.

Rating-Format: Art der Vorgabe von Antwortmöglichkeiten bei den Items (z. B. Ja/Nein-Format). Ratingformate unterscheiden sich in der Anzahl der Kategorien, der Antwortdimension und der Verankerung (numerisch, verbal, grafisch oder durch Beispiele).

Reliabilität: Maß für die Genauigkeit, mit der Fragebogen bzw. Subtests Unterschiede zwischen Personen oder zwischen Zuständen abbilden.

Repräsentativität: Ergebnis von Stichprobenziehungen. Die Stichprobe soll die wesentlichen Merkmale der Grundgesamtheit repräsentieren. Stichproben können für Personen, aber auch für Items oder andere Gesamtheiten gezogen werden und repräsentativ sein.

Rücklaufquote: Anteil der für die Auswertung zur Verfügung stehenden Fragebogen an den insgesamt ausgegebenen Fragebogen. Rücklaufquoten oberhalb von 50% sollten angestrebt werden.

Scheinkorrelation: Hoher Korrelationskoeffizient, der durch Drittvariablen bedingt ist. Klassisches Beispiel ist die Korrelation von Schuhgröße und Intelligenz, die verschwindet, wenn man das Alter kontrolliert.

Schiefwinkelige Rotation: Methode im Rahmen der Faktorenanalyse, die eine möglichst einfach interpretierbare Beziehung zwischen Variablen und den Faktoren herstellt. Dabei wird die bei der Extraktion vorausgesetzte Orthogonalität (Unabhängigkeit, Rechtwinkligkeit) der Faktoren aufgegeben. Die korrelierenden Faktoren können einer Faktorenanalyse 2. Ordnung unterzogen werden.

Semantisches Differential: Methode zur Beschreibung von Merkmalen oder Objekten anhand von Eigenschaftswörtern, die als Gegensatzpaare vorgegeben werden.

Skala: Begriff für eine Abbildungsvorschrift, mit der Unterschiede zwischen Personen/Zuständen in Unterschiede zwischen Zahlen überführt werden.

Skalenniveau: Eindeutigkeit, mit der Unterschiede zwischen Personen/Zuständen in zahlenmäßigen Unterschieden abgebildet werden.

Skalentransformation: Je niedriger das Skalenniveau, desto beliebiger ist die Zuordnung der Zahlen zu den Merkmalsausprägungen.

Skalierung: Teilgebiet der psychologischen Methodenlehre, welches sich mit der Messung psychischer Eigenschaften und Zustände beschäftigt. Auch die Funktion zwischen physikalischen Reizintensitäten und zugehörigen Empfindungen gehört in den Bereich der Skalierung. Man unterscheidet die lineare und die multidimensionale Skalierung.

Soziale Erwünschtheit: Antwortstil, der Verzerrungen von Antworten in Richtung (vermeintlich) sozial erwünschten Verhaltens beschreibt.

Soziale Validität: Begriff, der nach Schuler (1990) die Akzeptanz von Personalauswahlverfahren aus Sicht der BewerberInnen beschreibt.

Spearman-Brown-Formel: Formel für die Berechnung der (Sub-)Testreliabilität aus 2 (künstlich) hergestellten Testhälften. Dabei wird aus der „halben" Testlänge auf die gesamte Testlänge hochgerechnet.

Spezifität: In der Diagnostik versteht man unter Spezifität der Auswahlregel die Wahrscheinlichkeit einer richtig diagnostizierten Person bezogen auf die Gruppe der Merkmalsträger (d.h. der Anteil der richtig diagnostizierten Geeigneten in der Gruppe der Geeigneten, oder anders formuliert: die Wahrscheinlichkeit, dass eine als krank diagnostizierte Person auch wirklich krank ist).

Standardabweichung (Streuung): Maß der deskriptiven Statistik für die Breite der Abweichungen vom arithmetischen Mittelwert. Berechnet wird die Standardabweichung (Streuung) über die positive Wurzel der mittleren quadrierten Abweichungen vom Mittelwert, wobei bezogen auf die Freiheitsgrade (n − 1) gemittelt wird.

State-Trait-Konzept: Konzept der differentiellen Psychologie, wonach sich Unterschiede zwischen Personen in Persönlichkeitsmerkmalen besonders in konzeptrelevanten Situationen zeigen (Ängstlichkeit manifestiert sich demnach besonders in angstauslösenden Situationen).

Streuung: Synonym zu Standardabweichung.

Subtest: Begriff für die Kombination von Items, die eine bestimmte Merkmalsfacette abbilden. Subtestwerte sind die Messwerte, die aus einem Fragebogen (durch den Mittelwert der zum Subtest gehörenden Items) bestimmt werden.

Suppressor: Begriff aus der Regressionsrechnung für eine Variable, die selbst nicht mit einem Kriterium korreliert, aber zur Vorhersage beiträgt, weil sie „störende" Varianz aus den anderen Prädiktoren aufklärt und diese aus der Vorhersagegleichung „herauszieht". Suppressorvariablen haben daher negative β-Gewichte.

Testtheorie: Die Testtheorie beschäftigt sich mit Zusammenhängen von empirischen Testwerten und den zu messenden Merkmalsausprägungen. Gegenstand sind Fragebogen, aber auch objektive Leistungstests und Beobachtungen zur Messung von Unterschieden zwischen Personen und/oder Zuständen im Hinblick auf definierte Merkmale. Es wird zwischen der Klassischen und der Probabilistischen Testtheorie unterschieden.

Tiefeninterview: Interviewtechnik, die versucht, die psychischen Hintergründe von Erleben und Verhalten einer Person zu beleuchten.

Trennschärfe: Die Trennschärfe eines Items zeigt an, wie gut ein Item zu dem Subtest passt, der aus den restlichen Items gebildet wird. Die Trennschärfe wird über die part-whole-korrigierte Korrelation des Items mit der zugehörigen Skala bestimmt (Trennschärfekoeffizient).

Urteilsfehler: Systematische Fehler bei der (diagnostischen) Beurteilung von Personen, Situationen und Gegenständen (auch bei der Selbstbeurteilung). Urteilsfehler entstehen im Urteilsprozess und sind von Tendenzen zur Selbstdarstellung (Antwortstilen) und von Antworttendenzen abzugrenzen.

Validität: Hauptgütekriterium eines Tests oder Fragebogens. Ein Erhebungsinstrument (z. B. Fragebogen) ist valide, wenn es das misst, was es zu messen vorgibt. Zur Bestimmung der Validität werden Inhaltsvalidität, Konstruktvalidität und Kriterienvaliditäten unterschieden.

Validierung: Empirische Prüfung der Validität eines Fragebogens. Validierungsstudien können sich auf das Konstrukt (Korrelation mit Verfahren mit ähnlichem Messanspruch) oder auf die Kriterien beziehen. Die Kriterienvalidität kann auch experimentell oder quasiexperimentell geprüft werden.

Valenzskala: Antwortskala, deren Werte sich auf die Dimension „schlecht–gut" beziehen. Die Gesichterskala nach Kunin stellt eine breit einsetzbare Valenzskala dar.

Variable: Theoretische Größe, die zahlenmäßig das Ausmaß von Merkmalsausprägungen repräsentiert.

Varianz: Maß für die Breite einer Verteilung. Quadrat der Standardabweichung.

Verhältnisskala: Messung mit wählbarer Einheit und festem Nullpunkt.

Stichwortverzeichnis

360°-Feedback 99

abgeleitete Messungen 67
Absolutskala 69
Abstufung von Items 42
Adaptierung 24
AMOS 115
Änderungssensitivität 92
Antwortformate 38
Antwortmodi 19, 32
Antwortskala 38
Antwortstile 52f.
Antworttendenzen (response sets) 52
Antwortzeit 132
Attenuierungskorrektur 120
Attenuierungsproblem 120
Augenscheinvalidität 85, 118

Beanspruchungsmessung bei der Arbeit (BMS) 26
Bearbeitungszeit 132
Befindlichkeitsskalierung (BSKE) 101
Bereichssubtest 21
BMS II 109
Borg-Skala 74

Code 82
Critical-Incident-Technik 29, 31
Cronbachs α 88, 114

Deckblatt 82
Diagnostizität 113
direkte Skalierungen 46
diskriminante Validität 113, 119

EBF-Reha 103
EBF-SCQ 104
EBF-Sport 103
EBF-Work 103
Eigenschaftswörterliste (EWL) 33
Eigenwertkriterium 34
Erholungs-Belastungs-Fragebogen (EBF) 26

Extreme Ankerreize 52

Faktorenanalyse 21, 33
faktorenanalytische Testkonstruktion 35
Faktorenextraktion 34
fehlende Antworten 53
Formulierungen 78
Fragebogen 15
Fragebogenpaket 131
Fragebogenprofile 106
Fragebogensysteme 100
Fragebogenvarianten 95
Fremdbeurteilungen 99
Fremdtrennschärfen 88f.
Füllitems 53

Generalisierbarkeitstheorie 27
geordnete Kategorien 73
Gesamtwert 22
gleich erscheinende Intervalle 79
Gulliksen-Technik 88, 92
Gültigkeit 112

halbstrukturierte Interviews 29
Halo-Effekt 54
Häufigkeitsskalen 49
Hauptkomponentenanalyse 33
Hindsight-Bias 135
Homogenität 89

Informationsblatt 86
informierte Einverständniserklärung 86, 133
inkrementelle Validität 119
Instrument zur Erfassung der Konflikteskalation am Arbeitsplatz (IKEAr) 26
Instrument zur Stressbezogenen Arbeitsanalyse (ISTA) 99
Intensitätsskala 45
interne Konsistenz 87
Intervallskala 68
Interviews 128

ISO 33034 87
ISTA 26
Item 18, 39
Itemanalyse 87
Iteminterkorrelationen 90
Iteminvertierung 104
Itemkern 55
Itemreihung 80
Itemreliabilitäten 92
Itemselektion 90
Itemvaliditäten 90f.

Jack-Knifing 116

Kapitalisierung von Messfehlern 116
Klassische Testtheorie 35
konsensuelle Validierung 135
Konstruktvalidität 119
Kontrastfehler 53
konvergente Validität 113, 119
Konzept des modularen Fragebogens 102
Kriterienvaliditäten 120
Kurzform 94

latente Variablen 22, 124
Latent-State-Trait-Modell 115
Layout der Items 78
Leitlinien zur Itemformulierung 66
Lesbarkeit 63
Likert-Skala 73
lineare Skalierung 126
lineares Strukturgleichungsmodell 124
LISREL 115

manifeste Variablen 124
Maslach-Burnout-Inventar 61
Messfehlerkorrelationen 125
Messmodell 76, 124f.
Methodenkombinationen 128
Methodenvarianz 120
metrische Statistiken 71
Missing Data 105
Mittelwertprofile 97
Modell von Rasch 123

Modellpassung 124
modularer Fragebogen 61, 102
Monitoringinstrument 121
Monitorings 134
monotone Transformationen 71
motivationale Überforderung 53
Mustermalen 53

Nähe-Fehler 52
Negationen 28, 35, 52
NEO-FFI 34
Nominalskala 68
Nützlichkeit 121

Objektivität 15, 112
Ökonomie 121
Operationalisierung 16f.
orthogonale Rotation (Varimax) 33f.

Parallelformen 94f.
part-whole-korrigierte Korrelation 89
PAZ 47
personenbezogene Informationen 136
Polaritätenprofil 48
Polarkoordinatendiagramm 107
Polarkoordinatenprofil 107
Polung von Items 36
Populationsunabhängigkeit 126
Privatsphäre 64
probabilistisches Testmodell 74
Profil 36
Profilanalyse zur Arbeitszufriedenheit (PAZ) 26
Profilbogen 106
Profile of Mood States 110
Profilinformation 36
Profilinterpretationen 110
psychometrische Tests 112
psychophysische Skala 126

Rangskala 68
Raschmodell 74
Reihenfolge 132
– der Fragebogen 132

Reliabilität 112
RESTQ-Sport 103
Rückmeldung 133f.

Salience Bias 55
schiefwinkelige Rotation 34
Scoringsysteme 51
Screenings 94
Screeningverfahren 121
Semantisches Differential 33, 48
sinnvolle Statistik 70, 72
Situationismus 97
Situations-Reaktions-Inventare (SR-Inventare) 99
Skala 21, 68
Skalenniveau 68f., 72
Skalentransformationen 70
Skalierung 67
Sokrates-Effekt 115, 117
soziale Validität 117
Spearman-Brown-Formel 94
Spezifitätsgrad 62, 102
STAI 62, 96
Standardnormalverteilung 109
States 96
State-Trait-Angstinventar 96
State-Trait-Kontinuum 101
STAXI 96
Stressverarbeitungsfragebogen 50
Strukturgleichungsmodelle 76
Studieninformation 82, 130
Subtest 20, 75
Subtestwert 20, 85
Suppressoritems 90, 118
SynBA 64, 65

Tätigkeitsbewertungssystem (TBS) 64
Tendenz zu
 - Extremwerten 52
 - zur ersten passenden Kategorie 52
 - zur Konsistenz 54
 - zur Mitte 52
 - zur positiven Selbstdarstellung 54
 - zur sozialen Erwünschtheit 53

 - zur Verfälschung 54
Test 15
 - zur Erfassung des Mobbingrisikos am Arbeitsplatz (TEMA) 26
Testwiederholungen 114
Traits 96
Transparenz 118
Trennschärfe 89f.
Trennschärfekoeffizient 87
T-Transformationen 109

Übersetzung 24
Umpolung 59
Unabhängigkeit der Messfehler 67

Valenzskalen 46
Validität 16
 - diskriminante 113
 - inkrementelle 119
 - konvergente 113
 - soziale 117
Verankerung 51
verbale Verankerung 40
Vergleichsstichprobe 108
Verhältnisskala 69
Vorgabeformat 79

Wahrscheinlichkeitsskala 50
Workshop-Methode 31
Workshops 30

Zeitfenster 101
zeitliche Stabilität 96
Zielgruppe 85
Zielpersonen 85
zulässige Skalentransformation 70f.
zulässige Transformation 72
zulässige Zahlentransformation 72
Zustimmung 43
Zustimmungsskala 44f.
Zustimmungstendenz 35, 53
Zustimmungsurteil 43
Zuverlässigkeit 16, 112, 114
z-Werte 109